中华成语故事

闫瑞彪·编译

秦出版社
西新华出版传媒集团

中华成语故事

亘雅丞·编译

三秦出版社
陕西新华出版传媒集团

图书在版编目（CIP）数据

中华成语故事 / 闫瑞彪编译. --西安：三秦出版社，2017.9（2018.3重印）

（中华经典国学口袋书 / 徐喜平主编）

ISBN 978-7-5518-1543-7

Ⅰ. ①中… Ⅱ. ①闫… Ⅲ. ①汉语－成语－故事 Ⅳ. ①H136. 31

中国版本图书馆CIP数据核字（2017）第194248号

出品人　支旭仲
项目策划　匡俊英　白忠平
责　　编　朱孟娟
封面设计　陈　非
版式设计　高东海
内文排版　白英华

出版发行　陕西新华出版传媒集团　三秦出版社
地　　址　西安市北大街147号
电　　话　（029）87205121
网　　址　http: / / www.sqcbs.cn

规　　格　720mm×910mm　1/32
　　　　　印张7　彩插7　字数83千字
印　　刷　西安新华印务有限公司（独家承印）
版　　次　2017年9月第1版　　2018年3月第2次印刷
标准书号　ISBN 978-7-5518-1543-7
定　　价　18.00元

凡有缺页、倒页、脱页，可与工厂直接调换。电话：029-84273850

出版说明

中华文明源远流长，上下五千年，圣贤相继，英才辈出，他们殚精竭虑、呕心沥血，为后人留下了一部部经典作品。这些“经典”如同金砖玉瓦，构建成了一座金碧辉煌的殿堂，我们称之为“国学”。其内容宏富，博大精深，可谓是中华思想文明的浓缩，中国传统文化的精髓，是先贤遗留下的宝贵精神财富，值得好好传承和大力弘扬。越来越多的人们认识到其价值，读国学、诵经典的热潮正在蓬勃兴起，既有数字阅读的风生水起，更有坚守或者回归传统纸质阅读的蔚然成风。

读纸质书，无疑有着其他阅读方式所无法比拟的独特体验，一册在手，可以边读边做批注、写札记、勾画重点，也可以掩卷深思，细细品读。这种探究式阅读方式，有利于人们学习知识、启迪智慧、提升修养、提高境界，也有利于培养孩子们安静学习、锤炼思想、闻着书香做学问的良好习惯。

为了倡导全民阅读，特别是推进纸质阅读，营造爱书、品书氛围，同时考虑到当下人们的生活日趋丰富多彩且节奏加快，闲暇时间越来越碎片化，读书时间相对减少，我们从浩如烟海的国学经典中精心遴选了 80 部，并对书的内容作了适度精简，编辑出版了“中华经典国学口袋书”系列丛书，希望吸引更多的人回归传统阅读，重视国学经典。“口袋书”，顾名思义就是可以放在口袋里的书籍，其目的就是为读者奉献易于携带、便于翻阅、开卷有益的精神食粮。使他们于居家出行、茶余饭后，随时信手展读，含英咀华，增知怡情。

本丛书涵盖了经史子集、诗词曲赋、笔记信札、经典名句赏析，可谓贯通古今、包罗万象，能够最大限度满足各层面读者的阅读需求。书中既有对照古籍原文的“白话文”，又有介绍典故出处、时代背景、人物事迹等辅助阅读的“注释”，还配以帮助读者理解和提高的“赏析”。使对国学造诣程度各异的读者都可以做到读通、读懂，真正做到了老少皆宜、雅俗共赏。

这套书不仅在内容上编排严谨、注解精当；在外观上也充分彰显书籍之美，版式新颖，设计考究、印装精美，必定会成为您工作生活中的良师益友，带给您全新的阅读感受。

前　言

成语是在中华民族社会发展、人际交往的历史长河中，逐渐形成和积累起来的一种特有的语言文字表达方式。它是以历史典故、传奇故事、寓言故事、历代典籍、诗词歌赋为基础，以简洁的词语，生动活泼地表达人们丰富多样的思想感情、言行举止的一种定型的汉语词组或短句。长久以来成语深为人们所喜闻乐用，成为人们语言词汇中的重要组成部分，是中华民族语言文字宝库中的精华，源远流长，五光十色，丰富多彩。

我们学习成语，要从读故事开始。成语的精练和精辟与故事的生动和形象是统一的。我们只有了解这个故事产生的时代和反映的历史事件，才能更好地理解和掌握从故事中概括出来的真正含义。学习成语最忌讳单单从字面上来理解它的意思了。比如，“高山流水”这则成语，能理解成“山很高，水在流”吗？其实不然，它真正的含义是乐曲高妙，也比喻知音难得。再比如“破釜沉舟”，从词面上看是打破饭锅凿沉船只，但真正意义是指做事情痛下决心，牺牲一切，以求胜利。

在语言表达中恰当合理地运用成语，不仅可以使语句精练，条理清晰，形象生动，迅速提高语言能力，而且还能丰富、充实、增长历史知识，也不失为秉承中华智慧的一种巧妙而简捷的方式。鉴于此，我们编选了这部《中华成语故事》，本书取材广泛，体例新颖，编排合理，并注重知识性、准确性和趣味性的高度统一。在条目方面，着重选取了实用性强，同时对青少年读者具有启发教育意义的成语故事；在内容上，做到了深入浅出，语言通俗易懂，适合青少年理解与记忆，通过文字、插图、版式的有机结合，将一个个脍炙人口的成语故事呈现给读者。为增加可读性，本书故事属改编而来，并不完全与古文相对应，但并不损伤成语的意思，希望读者理解为盼。

目 录

爱屋及乌

【解释】

“爱屋及乌”这则成语的意思是由于爱某个人而连带地爱护停留在他屋上的乌鸦。比喻非常喜爱某人，从而也连带爱及和他有关的人或物。

【出处】

这个成语来源于《尚书大传·牧誓·大战》：纣死，武王皇皇，若天下之未定。召太公而问曰：“入殷奈何？”太公曰：“臣闻之也：爱人者，兼其屋上之乌；不爱人者，及其胥余。何如？”

【故事】

商朝末年，纣王穷奢极欲，残暴无道。西方诸侯国的首领姬昌决心推翻商朝统治，积极练兵备战，准备东进，可惜他没有实现愿望就逝世了。姬昌死后，他儿子姬发继位称王，世称周武王。

周武王

周武王在军师姜尚（太公）及弟弟姬旦（周公）、姬奭（召公）的辅佐下，联合诸侯，出兵讨伐纣王。双方在牧野交兵。这时纣王已经失尽人心，军队纷纷倒戈，终于大败。周朝军队很快占领了商朝都城朝歌。纣王自焚，商朝灭亡。

纣王死后，武王心中并不安宁，感到天下还没有安定。他召见姜太公，问道："进了殷都，对旧王朝的士众应该怎么处置呢？"

"我听说过这样的话：如果喜爱那个人，就连同他屋上的乌鸦也喜爱；如果不喜欢那个人，就连带厌恶他家的墙壁篱笆。那么，杀尽全部敌对分子，一个也不留下。大王你看怎么样？"太公说。

武王认为这样不行。这时召公上前说："我听说过：有罪的，要杀；无罪的，让他们活。应当把有罪的人都杀死，不让他们留下残余力量。大王你看怎么样？"武王认为也不行。这时周公上前说道："我看应当让各人都回到自己的家里，各自耕种自己的田地。君王不偏爱自己旧时朋友和亲属，用仁政来感化普天下的人。"武王听了非常高兴，心中豁然开朗，觉得天下可以从此安定了。

后来，武王就照周公说的办，天下果然很快安定下来，民心归附，西周也更强大了。

按图索骥

【解释】

"按图索骥"这则成语的意思是按图像寻求好马，比喻做事拘泥于成法，不能灵活变通。现在也用于按照线索去寻找人或事物。索：寻找，觅求。骥：好马。

【出处】

这个成语来源于明代杨慎的《艺林伐山》：伯乐《相马经》有“隆颡蚨日，蹄如累曲”之语，其子执《马经》以求马。出见大蟾蜍，谓其父曰：“得一马，略与相同，但蹄不如累曲尔。”

伯乐相马

【故事】

孙阳，春秋时秦国人，相传是我国古代最著名的相马专家，他一眼就能看出一匹马的好坏。因为传说伯乐是负责管理天上马匹的神，因此人们都把孙阳叫做伯乐。

据说，伯乐把自己丰富的识马经验，编写成一本《相马经》。在书上，他写了各种各样的千里马的特征，并画了不少插图，供人们作识马的参考。

伯乐有个儿子，智商很差，他也很想出去找千里马。他看到《相马经》上说“千里马的主要特征是，高脑门，大眼睛，蹄子像摞起来的‘酒曲块’”，便拿着书，往外走去，想试试自己的眼力。

走了不远，他看到一只大癞蛤蟆，忙捉回去告诉他父亲说：“我找到了一匹好马，和你那本《相马经》上说的差不多，只是蹄子不像摞起来的酒曲块！”伯乐看了看儿子手里的大癞蛤蟆，不由感到又好笑又好气，幽默地说：“这‘马’爱跳，没办法骑呀！”

拔 苗 助 长

【解释】

“拔苗助长”这则成语的意思是将苗拔起，帮助它生长。比喻不顾事物发展的规律，强求速成，结果反而把事情弄糟。亦作“揠苗助长”。

【出处】

这个成语来源于《孟子·公孙丑上》：宋人有闵其苗之不长而揠之者，芒芒然归，谓其人曰：“今日病矣！予助苗长矣！”其子趋而往视之，苗则槁矣。

【故事】

《孟子》是一部儒家经典，记载了战国时期著名思想家孟轲的政治活动、政治学说和哲学伦理教育思想。这部书中有个故事十分有名：宋国有一个农夫，他担心自己田里的禾苗长不高，就天天到田边去看。

可是，一连好几天过去，禾苗好像一点儿也没有往上长。他在田边焦急地转来转去，自言自语地说：“我得想办法帮助它们生长。”一天，他终于想出了办法，急忙奔到田里，把禾苗一棵棵地往上拔高一大截，从早上一直忙到太阳落山，弄得精疲力尽。

他回到家里，十分疲劳，气喘吁吁地说："今天可把我累坏了！力气总算没白费，我帮禾苗都长高了一大截。"他的儿子听了，急忙跑到田里一看，禾苗全都枯死了。孟轲借用这个故事，向他的学生们说明：违反事物发展的客观规律而主观地急躁冒进，就会把事情弄糟。

班门弄斧

【解释】

"班门弄斧"这则成语的意思是在鲁班门前舞弄斧头，比喻在行家面前卖弄本领。含讽刺意。班：鲁班，我国古代的巧匠。

【出处】

这个成语来源于唐·柳宗元《柳河东集·王氏伯仲唱和诗序》：操斧于班、郢之门，斯强颜耳。

【故事】

鲁班，又名鲁般、公输般。春秋时代鲁国（今山东曲阜）人。传说是位能工巧匠，善于雕刻与建筑，技艺举世无双。一直被人们看做是木匠的祖师爷。

民间传说采石矶是唐代著名诗人李白晚年游览采石

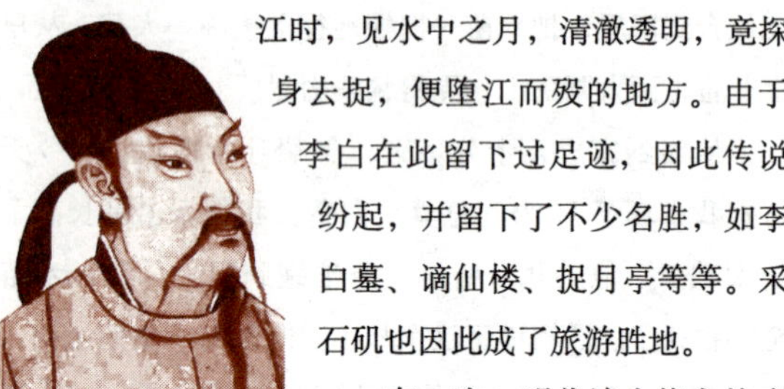
李　白

江时，见水中之月，清澈透明，竟探身去捉，便堕江而殁的地方。由于李白在此留下过足迹，因此传说纷起，并留下了不少名胜，如李白墓、谪仙楼、捉月亭等等。采石矶也因此成了旅游胜地。

有一次，明代诗人梅之焕来采石矶凭吊李白。他来到采石矶的李白墓旁，一看却心中大为不满，矶上、墓上，凡墓前可以写字的地方，都被人留有诗句，那些文章狗屁不通，却想冒充风雅的游人，竟在被称为“诗仙”的李白的墓上胡诌乱题，那些拙劣诗句的作者，又有什么脸在李白面前舞文弄墨呢？梅之焕心中越想越不是滋味，感慨之余，挥笔题了一首诗：“采石江边一堆土，李白之名高千古；来来往往一首诗，鲁班门前弄大斧。”“班门弄斧”最早出现的雏形是柳宗元的“操斧于班、郢之门，斯强颜耳”。意即在鲁班门前操弄斧子，是厚着脸皮。讽刺那些不自量力，竟在行家面前卖弄本领的人。

梅之焕讥讽那些自以为会作诗的游人，是“鲁班门前弄大斧”。这句话被后人缩成“班门弄斧”。这样，“班门弄斧”的成语，就流传下来了。

杯弓蛇影

【解释】

“杯弓蛇影”这则成语的意思是误把映入酒杯中的弓影当做蛇。比喻因错觉而疑神疑鬼，自相惊扰。

【出处】

这个成语来源于东汉·应劭《风俗通义·世间多有见怪》：予之祖父郴，为汲令，以夏至日诣见主簿杜宣，赐酒。时北壁上有悬赤弩，照于杯，形如蛇。宣畏恶之，然不敢不饮。

【故事】

有一年夏天，县令应郴请主簿（办理文书事务的官员）杜宣来饮酒。酒席设在厅堂里，北墙上悬挂着一张红色的弓。由于光线折射，酒杯中映入了弓的影子。杜宣看了，以为是一条蛇在酒杯中蠕动，顿时冷汗涔涔。但县令是他的上司，又是特地请他来饮酒的，不敢不饮，所以硬着头皮喝了几口。仆人再斟时，他借故推却，起身告辞走了。

回到家里，杜宣越来越疑心刚才饮下的是有蛇的酒，又感到随酒入口的蛇在肚中蠕动，觉得胸腹部疼痛异常，难以忍受，吃饭、喝水都非常困难。

家里人赶紧请大夫来诊治。但他的病情还是不见好转。

过了几天，应郴有事到杜宣家中，问他怎么会闹病的，杜宣便讲了那天饮酒时酒杯中有蛇的事。应郴回到家后，坐在厅堂里反复回忆和思考，弄不明白杜宣酒杯里怎么会有蛇的。

突然，北墙上的那张红色的弓引起了他的注意。他立即坐在那天杜宣坐的位置上，取来一杯酒，也放在原来的位置上。结果发现，酒杯中有弓的影子，不细细观看，确实像是一条蛇在蠕动。

应郴马上命人用马车把杜宣接来，让他坐在原位上，叫他仔细观看酒杯里的影子，并说："你说的杯中的蛇，不过是墙上那张弓的倒影罢了，没有其他什么怪东西。现在你可以放心了！"杜宣弄清原委后，疑虑立即消失，病也很快痊愈了。

病入膏肓

【解释】

【解释】

"病入膏肓"这则成语的意思是说，病情已到了无法医治的地步。亦喻事情到了无可挽回的地步。膏肓：古以膏为心尖脂肪，肓为心脏与隔膜之间，膏肓之间是药力不到之处。

【出处】

这个成语来源于《左传·成公十年》：医至，曰：“疾不可为也。在肓之上，膏之下，攻之不可，达至不及，药不至焉，不可为也。”

【故事】

春秋时期，晋景公有一次得了重病，听说秦国有一个医术很高明的医生，便专程派人去请来。

医生还没到。晋景公恍惚中做了个梦。梦见他的病变成了两个童子，正悄悄地在他身旁说话。一个说：“那个高明的医生马上就要来了，我看我们这回难逃了，我们躲到什么地方去呢？”另一个小孩说道：“这没什么可怕的，我们躲到肓的上面，膏的下面，无论他怎样用药，都奈何我们不得。”

不一会儿，秦国的名医到了，立刻被请进了晋景公的卧室替晋景公治病。诊断后，那医生对晋景公说：“这病已没办法治了。疾病在肓之上，膏之下，用灸法攻治不行，扎针又达不到，吃汤药，其效力也达不到。这病是实在没法子治啦。”晋景公听了，心想：医生所说，果然验证了自己梦见的两个小孩的对话，便点了点头，称赞医生医术高明。并叫人送了一份厚礼给医生，让他回秦国去了。

不耻下问

【解释】

“不耻下问”这则成语的意思是不以向地位、学问较自己低的人请教为可耻，形容谦虚好学。耻：羞耻。

【出处】

这个成语来源于《论语·公冶长》：敏而好学，不耻下问。

【故事】

春秋时代的孔子是我国伟大的思想家、政治家、教育家，儒家学派的创始人。人们都尊奉他为圣人。然而孔子认为：无论什么人，包括他自己，都不是生下来就有学问的。一次，孔子去鲁国国君的祖庙参加祭祖典礼，他不时向人询问，差不多每件事都问到了。有人在背后嘲笑他，说他不懂礼仪，什么都要问。孔子听到这些议论后说：“对于不懂的事，问个明白，这正是我要求知礼的表现啊。”

那时，卫国有个大夫叫孔圉，虚心好学，为人正直。当时社会有个习惯，在最高统治者或其他有地位的人死后，给他另起一个称号，叫谥号。按照这个习俗，孔圉死后，被授予的谥号为“文”，所以后来人们又称他为孔文子。孔子的学生子贡有些不服气，他认为孔圉也有不足的地方，于是就去问孔子孔文子凭什么可以被称为“文”。孔子回答：“敏而好学，不耻下问，是以谓之‘文’也。”意思是说孔圉聪敏又勤学，不以向职位比自己低、学问比自己差的人求教为耻辱，所以可以用“文”字作为他的谥号。

孔　子

孔子的这句话，引出了“不耻下问”这个成语。后来人们常用它来比喻向地位和学问不如自己的人请教或形容谦虚、好学，不自以为是。

不学无术

【解释】

“不学无术”这则成语原指霍光没有学术，所以不明关乎大局的道理。现形容不读书不学习，没有能力，既无学问，又无本事。学：学识，学问。术：技艺，本事。

【出处】

这个成语来源于《汉书·霍光传赞》：然光不学亡（通“无”）术，暗于大理。

【故事】

霍光，是西汉名将霍去病同父异母的弟弟。有一次霍去病打败匈奴后得胜回家探亲，回长安时把霍光也带进了京城，被汉武帝封为郎中。

霍光为人乖巧，处事小心。每次上朝前，他都站在殿门外那一小块地上，甚至每次立足的地连一尺一寸都不超越。他跟随武帝二十八年，从未出过一次差错，所以深得武帝信任。

武帝临终前，封霍光为大司马大将军，要他与桑弘羊一起辅佐八岁的汉昭帝。昭帝死后，霍光又迎立昌邑王刘贺为帝。不久又迎立刘询为宣帝。

就这样，霍光掌握了国家的军政重权，成为当时朝廷内外权势显赫的人物。他前后执政二十年，推行减轻民众负担的政策，有助于社会生产的发展。

霍光虽然对维护刘氏王朝作出过贡献，但他不学无术，不明事理，居功自傲，大权独揽。大臣们有公事，先得请示霍光，然后才能奏明皇上。每次上朝，连皇帝都要对他很恭敬。这样，霍光使很多人对他怀恨在心。

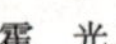
霍　光

宣帝刘询即位后不久，霍光的妻子想把小女儿嫁给刘询做皇后，但刘询已经立许氏为皇后。霍光妻子贪图富贵，买通女医淳于衍，毒死了即将临产的皇后。事发后，霍光不但包庇自己的妻子，还为淳于衍说情，不让她受审监禁。

正因为霍光不学无术，不明大义，缺乏深谋远虑，所以他死后才三年，霍家就被满门抄斩，株连九族。

不自量力

【解释】

“不自量力”这则成语原作“不量力”，也就是不能正确地估量自己的力量。后来泛指过高地估计自己的力量。

【出处】

这个成语来源于《左传·隐公十一年》：不度德，不量力，不亲亲，不征词，不察有罪。犯五不韪而以伐人，其丧师也，不亦宜乎！

【故事】

春秋时期，在如今河南省境内有两个诸侯国，一个是郑国，一个是息国。公元前712年，息国派兵攻打郑国。

这两个诸侯国虽然都很小，但息国的人力与物力比郑国要少得多，军力也要弱得多。战争自然以息国的失败而告终。

事后，一些有见识的人分析出，息国快要灭亡了。他们分析的根据是息国犯了五不韪：一不考虑自己的德行如何，二不估量自己的力量是否能取胜，三不同亲近的国家笼络好关系，四不把自己向郑国进攻的道理讲清楚，五不明辨失败的罪过和责任是谁。犯了这五条错误，还要出师征伐别国，结果遭到失败，这不是非常自然的吗？

果然，没过几年，息国被楚国攻灭。

才高八斗

【解释】

“才高八斗”这则成语的意思是比喻极有才华。

【出处】

这个成语来源于南朝·宋·无名氏《释常谈·八斗之才》：文章多，谓之八斗之才。谢灵运尝曰：“天下才有一石，曹子建独占八斗，我得一斗，天下共分一斗。”

【故事】

南朝宋国的谢灵运，是我国古代著名的山水诗作家和文学家。他的诗，大都描写会稽、永嘉、庐山等地的山水名胜，善于刻画自然景物，开创了文学史上的山水诗一派。

他写的诗艺术性很强，尤其注意形式美，很受文人雅士的喜爱。诗篇常常被大家竞相抄录，流传很广。宋文帝很赏识他的文学才能，特地将他召回京都任职，并把他的诗作和书法称为“二宝”，常常要他边侍宴，边写诗作文。

一直自命不凡的谢灵运受到这种礼遇后，更加狂妄自大。他对曹植十分钦佩，有一次，他一边喝酒一边自夸道：“魏晋以来，天下的文学之才共有一石（一种容量单位，一石等于十斗），其中曹子建（即曹植）独占八斗，我得一斗，天下其他的人共分一斗。”

谢灵运

草木皆兵

【解释】

“草木皆兵”这则成语的意思是把草木都当成敌兵。形容极度恐惧时发生错觉，稍有动静就惊恐不安。

【出处】

这个成语来源于《晋书·苻坚载记》：坚与苻融登城而望王师，见部阵齐整，将士精锐，又北望八公山上，草木皆类人形。

【故事】

383年，基本上统一了北方的前秦皇帝苻坚，率领九十万兵马，南下攻伐东晋。东晋王朝任命谢石为大将，谢玄为先锋，率领八万精兵迎战。

秦军前锋苻融攻占寿阳（今安徽寿县）后，苻坚亲自率领八千名骑兵抵达这座城池。他听信苻融的判断，认为晋兵不堪一击，只要他的后续大军一到，一定可大获全胜。于是，他派一个名叫朱序的人去向谢石劝降。

朱序原是东晋官员，他见到谢石后，报告了秦军的布防情况，并建议晋军在前秦后续大军未到达之前袭击洛涧（今安徽淮南东洛河）。谢石听从他的建议，出兵偷袭秦营，结果大胜。晋兵乘胜向寿阳进军。

苻坚得知洛涧兵败，晋兵正向寿阳而来，大惊失色，马上和苻融登上寿阳城头，亲自观察淝水对岸晋军动静。当时正是隆冬时节，又是阴天，远远望去，淝水上空灰濛濛的一片。仔细看去，那里桅杆林立，战船密布，晋兵持刀执戟，阵容甚为齐整。他不禁暗暗称赞晋兵布防有序、训练有素。

接着，苻坚又向北望去。那里横着八公山，山上有八座连绵起伏的峰峦，地势非常险要。晋兵的大本营便驻扎在八公山下。在西北风的吹拂下，山上晃动的草木，就像无数士兵在动。苻坚顿时面如土色，惊恐地回过头来对苻融说："晋兵这么强大，怎么能说它是弱兵呢？"不久，苻坚中谢玄的计，下令将军队稍向后退，让晋兵渡过淝水决战。结果，秦兵在后退时自相践踏，溃不成军，大败北归。

这一战，便是历史上著名的淝水之战，是历史上以少胜多、以弱胜强的著名战役。

车 水 马 龙

【解释】

“车水马龙”这则成语是从马太后诏书中的话简化而来的，它形容车马往来繁华热闹的场景。

【出处】

这个成语来源于《后汉书·明德马皇后纪》：前过濯龙门上，见外家问起居者，车如流水，马如游龙，仓头衣绿，领袖正白，顾视御者，不及远矣。这个成语又来源于南唐·李煜《望江南》：还似旧时游上苑，车如流水马如龙，花月正春风！

【故事】

东汉名将马援的小女儿马氏，由于父母早亡，年纪很小时就操办家中的事情，把家务料理得井然有序，亲朋们都称赞她是个能干的人。

十三岁那年，马氏被选进宫内。她先是侍候汉光武帝的皇后，很受宠爱。光武帝去世后，太子刘庄即位，就是汉明帝，他把马氏封为贵人。由于她一直没有生育，便收养了贾氏的一个儿子，取名为刘炟。公元60年，由于皇太后对她非常宠爱，她被立为明帝的皇后。

马氏当了皇后，生活还是非常俭朴。她常穿粗布衣服，裙子也不镶边。一些嫔妃朝见她时，还以为她穿了特别好的料子制成的衣服。走到近前，才知道是极普通的衣料，从此对她更尊敬了。

马皇后知书识理，时常认真地阅读《春秋》、《楚辞》等著作。有一次，明帝故意把大臣的奏章给她看，并问她应如何处理，她看后当场提出中肯的意见。但她并不因此而干预朝政，此后再也不主动去谈论朝廷的事。

明帝死后，刘炟即位，这就是汉章帝。马皇后被尊为皇太后。不久，章帝根据一些大臣的建议，打算对皇太后的弟兄封爵。马太后遵照已去世的光武帝有关后妃家族不得封侯的规定，明确地反对这样做，因此这件事被搁置在一旁。

第二年夏天，发生了大旱灾。一些大臣又上奏说，今年所以大旱，是因为去年不封外戚的缘故。他们再次要求分封马氏舅父。

马太后还是不同意，并且为此专门发了诏书，诏书上说："凡是提出要对外戚封爵的人，都是想讨好献媚的人，都是要从中取得好处。天大旱跟封爵有什么关系？要记住前朝的教训，宠贵外戚会招来倾覆的大祸。先帝不让外戚担任重要的职务，防备的就是这个。今后，怎能再让马氏走老路呢？”诏书接着说：“马家的舅父，个个都很富贵。我身为太后，还是食不求甘，穿着简朴，左右宫妃也尽量俭朴。我这样做的目的，是为下边做个样子，让外亲见了好反省自己。可是，他们不反躬自责，反而笑话我太俭省。前几天我路过娘家住地濯龙园的门前，见从外面到舅舅家拜候、请安的，车子像流水那样不停地驶去，马匹往来不绝，好像一条游龙，招摇得很。他们家的佣人，穿得整整齐齐，衣服绿色，领和袖雪白比我们车上的强太多了。我当时竭力控制自己，没有责备他们。他们只知道自己享乐，根本不为国家忧愁，我怎么能同意给他们加官晋爵呢？”

惩前毖后

【解释】

“惩前毖后”这则成语的意思是指要从以前的错误中吸取教训，谨慎从事，不致再犯类似错误。惩：警戒。毖：谨慎。

【出处】

这个成语来源于《诗经·周颂·小毖》：予其惩而毖后患。

【故事】

周王朝的开国君主周武王登基时间不长就去世了。他的儿子周成王继位。由于成王年岁太小，由武王的弟弟周公姬旦协助处理国家大事。

对此，武王的另外两个弟弟管叔鲜、蔡叔度很为不满。他们到处造谣，诬蔑周公助理成王是想伺机废除成王，夺取王位。

周公是个待人忠心诚实、豁达大度的人，听了这些谣言后，为了不招惹是非，便离开京都，住到外地去避嫌。

成王年小不懂事，还真的以为周公要抢权，便也不加挽留，让他去了外地。

管叔鲜和蔡叔度见周公离开了成王，便暗中勾结殷纣王的儿子武庚，一起发动叛乱，企图篡夺王位。周成王得到密告，急忙召集大臣商议，可谁也拿不出办法来。成王急得在宫中团团转，不知如何才好。

这时一个大臣建议成王应该快去把周公请回来。周公来了，成王马上命令周公带兵东征，讨伐叛贼。经过三年的艰苦征战，叛乱终于被周公平息了。接着，周公又忠心耿耿地替成王料理了几年的国家大事，一直到成王长大成人后，便把政权交还给他，让他自理朝政。

正式接管朝政这一天，成王前往宗庙典祭祖先。在祭祀仪式上，成王对着他的文武大臣讲了话。

他回顾了以往的历史教训，并说："我一定要从以前所受的惩戒中吸取教训，小心谨慎地办事，以免再遭祸害。"

出类拔萃

【解释】

"出类拔萃"这则成语的意思是指超出同类之上。多指人的品德、才能或事物所具有的优异性。

【出处】

这个成语来源于《孟子·公孙丑上》：圣人之于民，亦类也。出于其类，拔乎其萃。自生民以来，未有盛于孔子也。

【故事】

孟子名轲，字子舆，邹国（今山东邹县东南）人，是孔子的孙子子思的学生。孟子是战国时期的大思想家、教育家。他继承了孔子的儒家学说，非常崇拜孔子，在他的心目中，孔子是个超人的天才，是个圣人。

孟子

有一天，孟子的学生公孙丑问孟子："老师，你已经是一位圣人了吗？"孟子说："连孔夫子都不敢称自己为圣人，我又算得了什么呢？"公孙丑列举了几个以贤德著称的人问孟子，他们是否和孔子一样。孟子认为自有人类以来，没有人比得上孔子的。公孙丑接着又问他们和孔子有什么不同。孟子借用了孔子的学生有若的一句话说："麒麟和走兽，凤凰和飞鸟，泰山和小土堆，河海和小水洼，它们都是同类，但前者又都远远超越了它的同类；圣人和老百姓也是同类，都是人，但圣人是远远地超出那一类的。自有人类以来，没有人比孔子更伟大了。"后来，人们就把"出于其类，拔乎其萃"精简成"出类拔萃"这个成语，常常用它来形容品质和才能特别优秀的人。

唇亡齿寒

【解释】

"唇亡齿寒"这则成语的意思是嘴唇没了，牙齿就会感到寒冷。比喻利害关系十分密切，一方受到打击，另一方必然不得安宁。

【出处】

这个成语来源于《左传·僖公五年》：晋侯复假道于虞以伐虢。宫之奇谏曰："虢，虞之表也。虢亡，虞必从之。晋不可启，寇不可玩，一之谓甚，

【画枇杷孔雀】轴 局部 ［宋］崔白 中国台北故宫博物院藏 73－1

【画枇杷孔雀】轴 局部 [宋] 崔白 中国台北故宫博物院藏 73-1

其可再乎？谚所谓‘辅车相依，唇亡齿寒’者，其虞、虢之谓也。”

【故事】

春秋时期，晋国的邻近有虢、虞两个小国。晋国想并吞这两个小国，计划先打虢国，但要打虢国，晋国大军必须经过虞国。

晋献公于是用美玉和名马作礼物，送给虞国国君虞公，请求借道让晋军攻打虢国。

宫之奇劝谏虞公说：“虢国是虞国的依靠呀！虢国和虞国两国就好像嘴唇和牙齿一样，嘴唇没有了，牙齿岂能自保？一旦晋国灭掉虢国，虞国一定会跟着被灭亡。这‘唇亡齿寒’的道理，您怎么就不明白？请您千万不要借道让晋军征伐虢国。”可惜目光短浅、贪财无义的虞公不听劝谏，答应让晋借道。

宫之奇见无法说服虞公，只得带着全家老小，逃到了曹国。

这样，晋献公在虞公的“帮助下”，轻而易举地灭掉了虢国。晋军得胜归来，借口整顿兵马，驻扎在虞国。不久，晋军发动突然袭击，一下子又灭掉了虞国。

目光短浅的虞公只看见眼前的利益，看不出虢国的存亡与虞国有密切的联系，成了晋国的俘虏。

打 草 惊 蛇

【解释】

“打草惊蛇”这则成语的原意为惩办某人或某一些人，却使有同样情况的人受到震动，引起警惕。现用来比喻行动或做事不缜密而惊动了对方，致使对方觉察到了其秘密的意图而有所防备。

【出处】

这个成语来源于明·郎瑛《七修类稿》卷二四：南唐王鲁为当涂令，日营资产，部人诉主簿贪贿，鲁曰：“汝虽打草，吾已惊蛇。”

【故事】

南唐，五代时十国之一。王鲁，南唐时当涂县令。王鲁本来就行为不检，营私舞弊之事时有发生。当上当涂县令后，利用手中的权势，更是贪赃枉法，假公济私，搜刮了不少钱财。而衙门中大大小小、上上下下的官吏，上行下效，互相勾结，串通一气，收受贿赂，对百姓敲诈勒索，无恶不作。百姓见了，个个摇头叹气，怨声载道。

后来，有人写了一份状子，告王鲁的主簿（相当于现在的秘书职务）贪污受贿。王鲁接过状子，打开一看，却不免心中打起了寒颤。因为状子上写的那些主簿的罪行，都是证据确凿的事实，和他所干的坏事大同小异，有些就是在他包庇纵容下干出来的。更令人可怕的是，其中不少罪行和他有牵连。王鲁有些害怕，但又感到十分幸运状子没有落到别人手上，要是落在别人手上，他不仅罪行暴露，而且县令这个官位也保不住。他越想越为自己庆幸，随手就在案卷上批了八个字："汝虽打草，吾已惊蛇。"这八个字的意思就是说，你们虽然打的是草，可是我这条藏在草中的蛇，却已受惊而有所警惕、戒备了。

呆若木鸡

【解释】

"呆若木鸡"这则成语的意思是呆得像木头雕成的鸡一样。后形容呆笨或因惊讶、恐惧而发愣的样子。

【出处】

这个成语来源于《庄子·达生》：纪渻子为王养斗鸡。十日而问："鸡已乎？"曰："未也，方虚憍而恃气。"……十日又问，曰："几矣。鸡虽有鸣者，已无变矣，望之似木鸡矣，其德全矣。"

【故事】

周宣王姬静是个好大喜功的君主，曾经多次出兵去攻打北方的少数民族。公元前 789 年，他又率领军队在千亩同姜戎发生激战，结果吃了败仗，损失惨重。为了扩充兵力，他下令在太原地区调查百姓的户数，准备征兵再战，大臣仲山甫极力劝谏，他根本听不进去。

宣王有一种特殊的爱好，就是喜欢看斗鸡。他让太监们养了不少精壮矫健的公鸡，退朝以后经常到后宫的平台上看斗鸡取乐。时间一久，他发现无论哪一只勇猛善斗的鸡都没有常胜不败的，因而心里总感到不满足。

后来，宣王听说齐国有个叫纪渻子的人，是位驯鸡能手，就派人把他请到镐京，要他尽快训练出一只常胜不败的斗鸡来。纪渻子从鸡群中挑了一只金爪彩羽的高冠鸡。在关进屋子驯鸡以前，他请宣王不要随便让人去干扰他。

十天以后，性急的宣王等不及了，叫人去问纪渻子鸡的情况。纪渻子说："它还非常骄傲恃气。"又过了十天，宣王再叫人去问，纪渻子说："不行，它听到声音，或看到什么影像，还会敏捷地作出反应。"又过了十天，宣王实在等得不耐烦了，就把纪渻子召来亲自问他，纪渻子仍然说："不行，这鸡还会怒视而盛气。"宣王却不以为然，说："怒视而盛气，不正是勇猛善斗的表现吗？"纪渻子笑了笑说："陛下过去养的那些勇猛善斗的鸡，有哪一只是常胜不败的呢？"又过了十天，纪渻子主动跑来对宣王说："差不多了。

现在这只鸡听到其他鸡的叫声，已经毫无反应，精神处于高度凝寂的状态，看上去就像木鸡一样。别的鸡见了，没有一只敢跟它交锋，只好回头跑掉。”

果然，这只鸡后来每斗必胜。

道 听 途 说

【解释】

“道听途说”这则成语的意思是在路上听来的话，就在路上传播；路上听来的辗转流传的话。现泛指没有根据的传闻。

【出处】

这个成语来源于《论语·阳货》：子曰：“道听而途说，德之弃也。”

【故事】

战国时期，艾子从楚国回到齐国。刚进都城，便遇到爱说空话的毛空。毛空极其神秘地告诉艾子，说有家人家的一只鸭子，一次生了一百个蛋。

艾子不信，说：“不会有这样的事吧！”毛空说：“那可能是两个鸭子。”艾子摇摇头：“这也不可能。”毛空又改口说：“可能是三只鸭子。”艾子还是不信。“那也可能是四个、八个、十个。”毛空就是不愿意减少已说出的鸭蛋的数目，艾子当然无法相信。

过了一会儿，毛空又对艾子说："上个月，天上掉下一块肉来，有三十丈长，十丈宽。"艾子又不信，毛空急忙改口说："那么是二十丈长。"艾子还是不信。

毛空说："那就算十丈吧！"艾子实在忍不住了，再也不愿意听毛空瞎吹了，便反问道："世界上哪有十丈长、十丈宽的肉？还会从天上掉下来？是你亲眼所见吗？刚才你说的鸭子是哪一家的？现在你说的大肉又掉在什么地方？"毛空被问得答不出话来，只好支支吾吾地说："那都是在路上听人家说的。"艾子听后，笑了。他转身对站在身后的学生们说："你们可不要像他那样'道听途说'啊！"这则故事出在明代屠本畯编著的笑话集《艾子外语》中，这则笑话故事正好是对孔子所说的"道听而途说，德之弃也"的注释。

杜渐防微

【解释】

"杜渐防微"这则成语的意思是在祸害或坏事刚冒头、尚未扩大的时候，就加以杜绝、防止，即防备祸患在未发生之前。杜：杜绝，堵塞。渐：事情的开端。微：微小，指事物的苗头。

【出处】

这个成语来源于《后汉书·丁鸿传》：若敕政责躬，杜渐防萌，则凶妖销灭，害除福凑矣。

【故事】

丁鸿，东汉时人。自幼聪明好学，对经书很有研究。其父死后，父亲的爵位按当时的世袭传统应由作为长子的他继承，但他却上书朝廷要把爵位让给他弟弟，他自己外出躲了起来。后来，朝廷不允，他在外被人发现，经反复劝说，才回到家中，接受了皇帝的敕封。

到了和帝刘肇继位时，刘肇因年幼无能，大权由窦太后执掌。当时，窦太后的哥哥窦宪官居大将军，职位非常显要，他拉帮结伙，把窦家兄弟纷纷安排到了重要的职位上，相互勾结，为非作歹，控制了整个朝廷。丁鸿见了很着急。他利用那年发生日食、古代人认为是不祥之兆的机会，劝说皇帝趁窦家兄弟权势还不大的时候，及早制止，以防患于未然。他上奏皇帝说："皇上如果亲自负责治理国家，发现坏事的苗头，就及时地制止它、杜绝它。这样，凶险就可以避免，祸害就可消除。"他还进一步举例说："岩石的破坏，是因为涓涓细水的侵蚀；能遮蔽阳光的树木，是嫩绿的幼苗长成，事情在开始的时候容易制止，等发展壮大了，就难以除掉了。"丁鸿的话，正合和帝的心意，和帝本来就有大权旁落的感觉。于是，他罢免了窦宪的官职，迫使窦宪自杀。

对牛弹琴

【解释】

“对牛弹琴”这则成语的意思是比喻对愚蠢的人讲深刻的道理。现在也用来讥笑说话的人不看对象，无的放矢。对不懂道理的人讲道理，对外行人说内行话。

【出处】

这个成语来源于《弘明集》：昔公明仪为牛弹清角之操，伏食如故，非牛不闻，不合其耳矣。

【故事】

东汉末年，有个叫牟融的学者，他对佛经有很深的研究。但是当他给儒家学者宣讲佛义时，却总是用儒家的《论语》《尚书》等经典来阐述道理，而不直接用佛经来回答。儒家学者对他的这种做法表示异议，牟融心平气和地回答：“我知道你们都熟悉儒家经典，而对佛经是陌生的，如果我引用佛经来给你们作解释，不就等于白讲了吗？”接着，牟融向他们讲了“对牛弹琴”的故事，进一步表明自己的观点。

“古代有一位大音乐家公明仪，他对音乐有很高的造诣，弹得一手好琴，优美的琴声常使人产生身临其境之感。

“有一天，风和日丽，他漫步郊野，只见在一片葱绿的草地上有一头牛正在低头吃草。于是这位音乐家想为牛弹奏一曲。

公明仪

“他首先弹奏了一曲高深的‘清角之操’，尽管他弹得非常认真，琴声也优美极了，可是那牛却依然如故，只顾低头吃草，根本不理会这悠扬的琴声。

“公明仪先是很生气，但当他静静观察思考后，明白了那牛并不是听不见琴声，而实在是不懂得曲调高雅的‘清角之操’。

“于是，公明仪重又弹了一曲通俗的乐曲，那牛听到好像蚊子、牛蝇、小牛叫声的琴声后，停止了吃草，竖起耳朵，好像在很专心地听着。”

牟融讲完故事，接着说：“我用儒家经典来解释佛义，也正是这个道理。”儒家学者听了，完全信服了。

多多益善

【解释】

“多多益善”这则成语的意思原指带兵越多越能成事。后多用来形容越多越好，不厌其多。益：更加。善：好。

【出处】

这个成语来源于《史记·淮阴侯列传》：上（汉高祖刘邦）问曰："如我能将几何？"信曰："陛下不过能将十万。"上曰："于君何如？"曰："臣多多而益善耳。"

【故事】

韩信，秦末淮阴人。他原是楚霸王项羽手下的低级军官，后来投奔汉王刘邦，经丞相萧何的极力推荐，被拜为大将。汉楚相争时，他率领汉军，南征北战，立下无数功劳，和萧何、张良一起，被称为汉初三杰。

刘邦称帝后，韩信被刘邦封为楚王，解除了他的兵权，但他当时仍是实力最强大的诸侯王。不久，刘邦接到密告，说韩信接纳了项羽的旧将钟离昧，准备谋反。于是，他采用谋士陈平的计策，假称自己准备巡游云梦泽，要诸侯前往陈地相会。

韩信知道后，杀了钟离昧来到陈地见刘邦，刘邦便下令将韩信逮捕，押回洛阳。

回到洛阳后，刘邦知道韩信并没谋反的事，又想起他过去的战功，便把他贬为淮阴侯。

韩信心中十分不满，但也无可奈何。他看到自己过去的部将周勃、灌婴、樊哙等人的官职都和自己一样，羞于和他们同列，

萧　何

便经常称病，不去上朝。

刘邦知道韩信的心思，有一天把韩信召进宫中闲谈，要他评论一下朝中各个将领的才能，韩信丝毫不把那些将领放在眼里。刘邦听了，便笑着问他："依你看来，像我能带多少人马？""陛下能带十万。"韩信回答。

刘邦又问："那你呢？""对我来说，当然越多越好！"刘邦笑着说："你带兵多多益善，怎么会被我逮住呢？"韩信知道自己说错了话，忙掩饰说："陛下虽然带兵不多，但有驾驭将领的能力啊！"刘邦见韩信降为淮阴侯后仍这么狂妄，心中很不高兴。后来，刘邦再次出征，刘邦的妻子吕氏终于设计杀害了韩信。

分道扬镳

【解释】

"分道扬镳"这则成语的意思原指把道路按直行线一分为二，各走属于自己统辖的路，分路前进。后用来比喻各自按照不同的目标或志趣各奔前程，各干各的事。扬镳：往上扯马嚼子，驱马前进。

【出处】

这个成语来源于《北史·魏诸宗室·河间公齐传》：子志……与御史中尉争路，俱入见，面陈得失，……高祖曰："洛阳我之丰、沛，自应分路扬镳。自今以后，可分路而行。"

【故事】

在南北朝的时候，北魏有一个名叫元齐的人，他很有才能，屡建功勋。皇帝非常敬重他，封他为河间公。

元齐有一个儿子叫元志。他聪慧过人，饱读诗书，是一个有才华但又很骄傲的年轻人。孝文帝很赏识他，任命他为洛阳令。

不久以后，孝文帝采纳了御史中尉李彪的建议，把都城从山西平城（今山西大同市东）搬迁到洛阳。这样一来，洛阳令成了"京兆尹"。

在洛阳，元志仗着自己的才能，对朝廷中某些学问不高的达官贵族，很不放在眼里。有一次，元志出外游玩，正巧李彪的马车从对面飞快地驶来。照理，元志官职比李彪小，应该给李彪让路，但他一向看不起李彪，偏不让路。李彪见他这样目中无人，当众责问元志："我是御史中尉，官职比你大多了，你为什么不给我让路？"元志并不买李彪的账，说："我是洛阳的地方官，你在我眼中，不过是一个洛阳的住户，哪里有地方官给住户让路的道理呢？"他们两个互不相让，争吵起来了。于是他们来到孝文帝那里评理。李彪说，他是"御史中尉"，洛阳的一个地方官怎敢同他对抗，居然不肯让道。元志说，他是国都所在地的长官，住在洛阳的人都编在他主管的户籍里，不能像普通的地方官一样向一个御史中尉让道。

孝文帝听了他们的争论，觉得他们各有各的道理，不能训斥他们中的任何一个，便笑着说：“洛阳是我的京城。我认为你们可以分开走，各走各的，不就行了吗？”

风声鹤唳

【解释】

“风声鹤唳”这则成语的意思是把风的响声、鹤的叫声，都当做敌人的呼喊声，疑心是追兵来了。形容惊慌失措，神经极度紧张。后用来形容非常疑虑恐惧，自相惊扰。唳：鸟叫。

【出处】

这个成语来源于《晋书·谢玄传》：坚众奔溃，自相蹈藉投水者不可胜计，淝水为之不流。余众弃甲宵遁，闻风声鹤唳，皆以为王师已至，草行露宿，重以饥冻，死者十七八。

【故事】

383年，前秦皇帝苻坚组织九十万大军，南下攻打东晋。东晋王朝派谢石为大将，谢玄为先锋，带领八万精兵迎战。

苻坚认为自己兵多将广，有足够的把握战胜晋军。

他把兵力集结在寿阳（今安徽寿县）东的淝水边，打算等后续大军到齐，再向晋军发动进攻。

为了以少胜多，谢玄施出计谋，派使者到秦营，向秦军的前锋建议道："贵军在淝水边安营扎寨，显然是为了持久作战，而不是速战速决。如果贵军稍向后退，让我军渡过淝水决战，不是更好吗？"秦军内部讨论时，众将领都认为，坚守淝水，不能放晋军过河。待后续大军抵达，即可彻底击溃晋军。因此主张拒绝晋军的建议。

但是，苻坚求胜心切，不同意众将领的意见，说："我军只要稍稍后退，等晋军一半过河，一半还在渡河时，用精锐的骑兵冲杀上去，我国肯定能大获全胜！"于是，秦军决定后退。苻坚没有料到，秦军是临时拼凑起来的，指挥不统一，一接到后退的命令，以为前方打了败仗，慌忙向后溃逃。

谢玄见敌军溃退，指挥部下快速渡河杀敌。秦军在溃退途中，争相逃命，一片混乱，自相践踏而死的不计其数。那些侥幸逃脱晋军追击的士兵，一路上听到呼呼的风声和鹤的鸣叫声，都以为晋军又追来了，于是不顾白天黑夜，拼命地奔逃。就这样，晋军取得了"淝水之战"的重大胜利。

负荆请罪

【解释】

“负荆请罪”这则成语的意思是背着荆杖，向当事人请罪。形容主动向人认错、道歉，自请严厉责罚。荆：落叶丛生灌木，高四五尺，茎坚硬，可作杖。

【出处】

这个成语来源于《史记·廉颇蔺相如列传》：“顾吾念之，强秦之所以不敢加兵于赵者，徒以吾两人在也。今两虎相斗，其势不俱生。吾所以为此者，以先国家之急而后私雠也。”廉颇闻之，肉袒负荆，因宾客至蔺相如门谢罪，曰：“鄙贱之人，不知将军宽之至此也！”卒相与欢，为刎颈之交。

【故事】

战国时代，赵惠文王因蔺相如办外交有功，拜蔺相如为上卿，官位在大将廉颇之上。廉颇因此心中不快，觉得自己功劳卓著，很不服气，扬言要当面侮辱蔺相如。相如知道后，不愿意和廉颇争位次先后，所以处处退让回避。上朝时也假称有病。

有一次，蔺相如乘车外出，远远望见廉颇的车子迎面而来，急忙叫手下人把车赶到小巷里避开。相如手下的人便以为相如害怕廉颇，非常气愤。蔺相如对他们解释说：“秦国这样强大，我都不怕，廉将军又有什么可怕呢？但是我想，强横的秦国今天之所以不敢对我们赵国轻易用兵，只是因为赵国有我和廉将军两人。如果我和廉将军两人不能和睦相处，互相攻击，那正是秦国所欢迎的事，秦国就会趁机侵略赵国。我所以对廉将军避让，是以国事为重，不计较私人的怨恨。”

此事传到了廉颇的耳中，廉颇为相如如此宽大的胸怀深深感动，自己更觉得十分惭愧。于是脱掉上衣，在背上绑了一根荆杖，亲自到相如家请罪，并沉痛地说：“我是个粗陋浅薄之人，真想不到将军对我如此宽容。”蔺相如见廉颇态度真诚，便亲自解下他背上的荆杖，请他坐下，两人坦诚畅叙，从此誓同生死，成为至交。

赴汤蹈火

【解释】

“赴汤蹈火”这则成语原或作“赴火蹈刃”，形容奔向熊熊烈火，脚踏锋利的刀口。后世多作“赴汤蹈火”，意思为即使滚烫的水，炽热的火，也敢于践踏，形容不畏艰险，奋不顾身，勇往向前。赴：走向。汤：滚水。蹈：踏。

【出处】

这个成语来源于三国魏·嵇康《与山巨源绝交书》：此犹禽鹿，少见驯育，则服从教制；长而见羁，则狂顾顿缨，赴汤蹈火。

【故事】

嵇康，字叔夜，谯国铚（今安徽宿县西）人。他曾与山巨源（山涛）等七人一起游于山林，被称为“竹林七贤”。司马氏专权后，嵇康不满司马氏的统治，隐居山阳，而山巨源后来在司马氏朝廷中做了官，嵇康从此看不起他。山巨源由吏部侍郎升散骑常侍时，想请嵇康出来代理他原来的吏部侍郎官职，被嵇康严辞拒绝。

不久，山巨源收到了门人递上的一封信。拆开一看，是嵇康给自己的一封绝交信。他迫不及待地看了下去。信中嵇康列举老子、庄子、柳下惠、东方朔、孔子等先圣，说自己“志气可托，不可夺也”。接着又写到自己倾慕尚子平、台孝威（后汉隐士），不涉经学，淡泊名利。信中表示他蔑视虚伪的礼教，公然对抗朝廷的法制，以禽鹿作比，鹿很少见有驯育服从的，大的如果羁绊、

嵇康锻铁

束缚它，那它必定狂躁不安，即使赴汤蹈火，也不在乎；哪怕是用金的马嚼子来装饰它，拿佳肴来喂它，它还是思念树林、向往草地的。嵇康用这个比喻表达了坚决不在司马氏政权中任职的决心。由于嵇康时常发表一些讥刺朝政和世俗的言论，司马氏统治集团对他十分嫉恨。

景元三年（262），曾经受到嵇康奚落的司隶校尉钟会，以言论放荡、毁谤朝廷等罪名对嵇康横加诬陷。嵇康被司马昭下令逮捕入狱，不久便被杀害。

高屋建瓴

【解释】

“高屋建瓴”这则成语的意思是在高屋顶上往下倒瓶子里的水。形容处于居高临下的形势，发展迅速，毫无阻碍。比喻迅猛的、不可阻挡的形势。瓴：盛水的瓶子。

【出处】

这个成语来源于《史记·高祖本纪》：（田肯说高祖曰）秦，形胜之国……地势便利，其以下兵于诸侯，譬犹居高屋之上建瓴水也。

【故事】

刘邦当上皇帝的第二年，有人向他报告楚王韩信正在密谋造反。于是，他急忙召集近臣商议对策。

陈平替刘邦出了个主意：假说到云梦泽去巡视，并在陈地会见诸侯。陈是楚的西界，韩信得到消息，一定会去陈地迎接的。当韩信拜见的时候，就可以轻易地捉到他了。

刘邦按照陈平的计策，果然没费什么劲就把韩信捉住了。刘邦非常高兴，当天颁了大赦令。田肯乘着道贺的机会，对刘邦说："很高兴您捉住了韩信，又在关中建都。关中地形险固，胜于他国；土地广阔，有千里之远；兵员众多，占天下百分之二十。由于地势的优越，如果派兵去攻打诸侯，真好比是站在高屋顶上倾倒瓶里的水，由上向下，不可阻挡。"

刮目相待

【解释】

"刮目相待"这则成语的意思是去掉旧日的看法用新眼光看人，也比喻另眼相待。刮：擦拭。擦亮眼睛看待。

【出处】

这个成语来源于《三国志·吴志·吕蒙传》裴松之注引江表传，吕蒙曰："士别三日，即更刮目相待。"

【故事】

吕蒙，字子明，三国时吴国名将，幼年时家境贫困，没有读过什么书。后来在军队里，领兵打仗，也很少读书。文化水平不高，因此受到一些大官员的轻视。

吴王孙权曾劝吕蒙要好好读书，可是吕蒙说："军队里事情太多了，每天忙都忙不过来，哪有什么时间读书。""我难道要你精研经书去当博士吗？但是普通知识总得具备啊！你说事情多，比起我来如何？你为什么偏偏不能抓紧时间自学呢？"孙权说。

接着，孙权谈了自己读书的收益。又举了汉光武帝即使在战乱年代，也不忘学习，经常手不释卷；曹操也自称老而好学等事例来启发吕蒙。

吕蒙听了孙权这一番话，很受感动，从此认真读书，孜孜不倦。不久，他读的书超过了一般知识分子。后来，鲁肃奉命去陆口镇守，路过吕蒙营寨。鲁肃一直都很看不起吕蒙。经别人劝说，鲁肃为了表示礼貌，去拜访吕蒙。吕蒙热情招待他，并问他去陆口和蜀将关羽相邻，打算怎样既联合他，又警惕他。鲁肃满不在乎，随口应答："没有考虑过，到时候看着办。"吕蒙严肃地批评了鲁肃，不应该如此轻敌。他还献了

五条计策，当时就给鲁肃过目。鲁肃顿时改变了态度，抚摩着他的背，亲切地说：“我一直认为你能武不能文，但你现在的学识却很渊博，已经不是以前的没有学识的粗人了！”吕蒙笑道：“士别三日，就应当刮目相待呀！”从此，鲁肃和吕蒙成了好朋友，后来鲁肃临终，还推荐吕蒙继任为大都督呢！

吕　蒙

邯郸学步

【解释】

“邯郸学步”这则成语的意思是到邯郸去学走路的步法。比喻模仿别人不得法，反而把自己原有的本领也忘掉了。也比喻照搬别人的一套，出乖露丑。邯郸：战国时赵国都城。步：迈步走路。

【出处】

这个成语来源于《庄子·秋水》：且子独不闻夫寿陵余子之学行于邯郸与？未得国能，又失其故行矣，直匍匐而归耳！

【故事】

燕国寿陵有个少年，听说赵国都城邯郸的人走路的步法非常优美，便不顾路途遥远，特地到邯郸去学步法。

少年到了邯郸，见那里人走路的步法确实与寿陵的不一样，并且比寿陵的要优美得多。他觉得不虚此行，打算好好地学。

开始他只是看人家怎样走，回到住处凭记忆学着走。后来觉得这样容易遗忘，便跟在人家后面模仿着走。但不知为什么，他总觉得学不像。

他想来想去，是自己太习惯原来的步法。于是重起炉灶，完全放弃原来的步法，完全照邯郸人的步法走路。

不料，这一来更糟糕了。他走路时要考虑的因素太多：既要注意手脚如何移动，又要注意上身如何摆动，甚至还要计算移动的距离和摆动的幅度。结果，每走一步都弄得满头大汗、紧张万分。

少年学得辛苦万分。最后，连原来怎样走路的步法也忘记了，不得不爬回寿陵去。

鹤立鸡群

【解释】

“鹤立鸡群”这则成语原作“野鹤在鸡群”，意思是像鹤立在鸡群中。比喻仪表出众，品质、才能显得非常突出，明显地高于一般人。

【出处】

这个成语来源于《世说新语·容止》：有人语王戎曰："嵇延祖卓卓如野鹤之在鸡群。"答曰："君未见其父耳。"

【故事】

嵇康，是三国时代魏国著名的文学家、音乐家。他才学出众，性格耿直，又长得高大魁梧，非常引人注目。后来他因得罪了操纵朝政的司马氏集团，被司马昭借一件事杀害，死时仅四十一岁。

嵇康的儿子嵇绍，和他父亲一样很有才学，并且身材魁梧，仪表堂堂。他无论走到哪里，都显得卓然超群。

司马炎代魏称帝后，嵇绍被征召到京都洛阳做官。有人见了他后，对他父亲的好友王戎夸赞嵇绍高大雄伟："在人群之中，就像一只仙鹤站在鸡群里那样突出。"王戎听了，说："你还没有见过他父亲嵇康呢，比他更突出！"晋惠帝司马衷继位后，嵇绍担任侍中，侍从皇帝，经常出入宫廷。后来，西晋皇族内部发生了"八王之乱"。嵇绍在跟随惠帝出兵作战时，尽力护卫惠帝，不幸中箭身死，鲜血溅在惠帝的战袍上。惠帝很受感动，不让内侍洗去这件战袍上的血迹，表示他非常赞赏和怀念嵇绍的高贵品质。

后 生 可 畏

【解释】

“后生可畏”这则成语的意思是青少年是可怕的。指青少年是新生力量，朝气蓬勃，很容易超过前辈。赞扬青少年聪明努力，有光明的前途。

【出处】

这个成语来源于《论语·子罕》：后生可畏，焉知来者之不如今也？

【故事】

孔子在游历的时候，碰见三个小孩，有两个正在玩耍，另一个小孩却站在旁边。孔子觉得奇怪，就问站着的小孩为什么不和大家一起玩。

小孩很认真地回答：“激烈的打闹能害人的性命，拉拉扯扯的玩耍也会伤人的身体；再退一步说，撕破了衣服，也没有什么好处。所以我不愿和他们玩。这有什么可奇怪的呢？”过了一会儿，小孩用泥土堆成一座城堡，自己坐在里面，好久不出来，也不给准备动身的孔子让路。孔子忍不住又问：“你坐在里面，为什么不避让车子？”“我只听说车子要绕城走，没有听说过城堡还要避车子的！”孩子说。

孔子非常惊讶，觉得这么小的孩子，竟如此会说话，

实在是了不起，于是称赞他年龄虽小但是懂得很多。小孩却回答说："我听人说，鱼生下来，三天就会游泳；兔生下来，三天就能在地里跑；马生下来，三天就可跟着母马行走，这些都是自然的事，有什么大小可言呢？"孔子不由感叹地说："好啊，我现在才知道少年人实在了不起呀！"

囫囵吞枣

【解释】

"囫囵吞枣"这则成语原写作"浑囵吞枣"，意思是把整个枣吞下去。后世多作"囫囵吞枣"，比喻含混笼统地接受，不加分析辨别，在学习上不求甚解。

【出处】

这个成语来源于朱熹《答许顺之书》：今动不动便先说个本末精粗无二致，正是囫囵吞枣。

【故事】

有一位医生对人说，生梨对人的牙齿很有好处，但对脾却有害处；而枣对脾有好处，但对牙齿却有害处。一个自作聪明的人听后，连忙对旁人说："我倒有个好法子，既可以吸收生梨和枣子各自对于人的好处，而又可以避免害处。那就是我吃生梨的时候，只用牙齿咀嚼，却不咽到肚里去，这可以使生梨对牙齿有益，而免得伤脾；等到吃枣子的时候，我就不用牙齿咬，而是一口吞下肚去，这样就可以让枣子对脾有益，而避免伤害牙齿。"旁人听了，笑着说："你吃生梨只嚼不咽，倒还可以做到；可吃枣子只咽不嚼，就很难了，你那样囫囵吞枣，枣核咽下去，肚子可受不了啊！"

狐假虎威

【解释】

"狐假虎威"这则成语的意思是狐狸依仗老虎的威势来吓唬百兽。比喻借别人的权势吓人、欺压人。

【出处】

这个成语来源于《战国策·楚策一》：虎求百兽而食之，得狐。狐曰："子无敢食我也。天帝令我长百兽，今之……子随我后，观百兽之见我而敢不走乎？"虎以为然，故遂与之行，兽见之皆走。虎不知兽畏己而走也，以为畏狐也。

【故事】

楚国在宣王当政的时候，北方各诸侯国很害怕楚国的大将昭奚恤。宣王对此大惑不解，一天朝会时趁昭奚恤不在，向大臣们询问其中的原因。

有个名叫江一的大臣，向宣王讲了一则寓言故事：从前，某个深山老林中有只凶猛的老虎，专门搜寻各种野兽吃。一次，他抓到一只狐狸，想把它吃了充饥。

狡猾的狐狸急中生智，装出一副神圣不可侵犯的样子，说："你不敢吃掉我的，因为天帝派我当百兽之王。你要是吃掉我，就违背了天帝的命令！"说到这里，狐狸故意傲慢地瞧了瞧老虎。它看到老虎露出不信的神色，又说："你以为我的话不可信吗？好吧，那么我走在前面，你跟在后边，看这深山老林中的百兽见到我之后，有谁敢不逃跑吗？"老虎觉得这话对，不妨照着做，于是跟着它走去。一路上，所有的野兽见到它们都逃得远远的。老虎并不知道百兽是害怕威风凛凛的自己，还以为它们害怕假借"百兽之王"名义的狐狸才跑的。

讲完这个寓言故事后，江一转上了正题："大王如今有五千里地盘和百万军队，但全把它交给昭将军管辖。因此，北方的诸侯国都怕他。其实怕的是您交给他的军队，就像深山老林中百兽害怕的不是狐狸而是老虎一样。”宣王听后，才一下解了心中的疑团。

画饼充饥

【解释】

“画饼充饥”这则成语的意思是画个饼果腹解饿。比喻虚假的东西无补于事。也比喻徒有虚名、愿望等，不能解决实际问题，或用空想来自我安慰。

【出处】

这个成语来源于《三国志·魏志·卢毓传》：选举莫取有名，名如画地作饼，不可啖也。

【故事】

三国时魏国的大臣卢毓，十岁时就父母双亡，两位兄长又先后去世，使他成为孤儿。但他奋发读书，终于

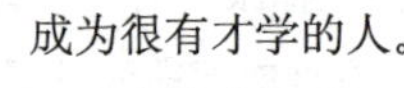

成为很有才学的人。

魏文帝曹丕

卢毓当官清正廉洁，很快被提升为侍中，在皇帝左右侍奉。过了三年，被提升为中书郎，掌管机要、政令等事宜。后来，又被任命为吏部尚书，负责管理全国官吏的任免、升降、调动等事务。

卢毓升任吏部尚书后，需要选人来担任中书郎一职。魏文帝要卢毓选好这个官员，并对他说："这次选拔中书郎，能否选到合适的人，关键就看你了。挑选人才，千万不要选那些只有名气而没有实际才干的人。名气就像是在地上画的饼，不能充饥的。"卢毓有些不同的意见，他说："陛下说得很对。要选拔特别优秀的人才，不能单看名气。但是臣以为，名气毕竟能反映一定的实际情况。根据名气来选拔一般的人才，还是可以的。如果是修养高、德行好而有名气的，就不应该嫌弃他们。为此，陛下也不要一听是有名气的就讨厌。臣建议主要应对他们考核，看他们是否有真才实学。"魏文帝觉得卢毓讲的话比较中肯，于是下令制定官员考核法。

画龙点睛

【解释】

"画龙点睛"这则成语的意思是给画在墙上的龙点上眼睛。比喻说话、写文章时，在关键处用神来之笔加上一两个恰如其分的字、句，点明要旨，使内容更生动精彩，传神有力。

【出处】

这个成语来源于唐·张彦远《历代名画

记·七·梁·张僧繇》：金陵安乐寺四白龙，不点眼睛。每云："点睛即飞去。"

【故事】

南北朝时期，梁朝的张僧繇擅长画龙。他画龙，已经到了出神入化的程度。最为神奇的，就是他画龙点睛的传说了。

有一次，张僧繇在金陵（在今江苏南京市清凉山）安乐寺的墙上，画了四条白龙。奇怪的是，这四条白龙都没有点上眼睛。

许多人对此不解，问他是否因为点眼睛很难而不画，张僧繇郑重地回答说："点睛很容易，但一点上，龙就会破壁乘云飞去。"大家都不相信他的回答，纷纷要他点睛，看看龙是否会飞跃而去。

大家执意要他点睛，于是他提起笔来点睛。

奇迹出来了：他刚点了其中两条龙的眼睛，就雷电大作，暴雨倾盆而下。突然"轰"的一声巨响，墙壁破裂。大家定睛看去，两条刚点上眼睛的白龙，已经乘着云雾，飞跃到空中去了，而那两条未曾点睛的白龙，还是留在墙壁上。大家这才信服。

画 蛇 添 足

【解释】

“画蛇添足”这则成语的意思原指画蛇的人无中生有地给画上的蛇增加几只脚。比喻多此一举，反而弄巧成拙。

【出处】

这个成语来源于《战国策·齐策二》：楚有祠者，赐其舍人卮酒。舍人相谓曰：“数人饮之不足，一人饮之有余。请画地为蛇，先成者饮酒。”一人蛇先成，引酒且饮之，乃左手持卮，右手画蛇，曰：“吾能为之足。”未成，一人之蛇成，夺其卮曰：“蛇固无足，子安能为之足？”遂饮其酒。

【故事】

战国时，楚国有一个贵族在祭祀了祖先以后，把祭祀用的一壶酒赏给为他办事的几个人喝。那几个人相互看了看酒，认为酒太少了些，于是其中一个人提议说：“这一壶酒如果我们每个人都喝的话，大概一人只能喝一口：最好是只让给一个人喝，你们觉得怎么样？”大家虽然都表示同意，可是对于应该由谁来喝这壶酒，大家都相互争夺不肯退让。于是，最先提议的那个人又说：“我看，我们几个人在地上比赛画蛇，谁先画好，谁就是这壶酒的主人，行不行？”大家都认为这个主意不错，便一致赞成。于是，他们几个人就蹲在地上画起蛇来。其中有一个人很快就把蛇画好了，可是当他正要拿起酒壶喝的时候，看到其他几个人仍手忙脚乱地画着，于是便自作聪明地用左手端着酒壶，右手又在地上画起来，嘴里还洋洋得意地说：“你们看，我还能给蛇添上脚呢！”可是正当他在画脚的时候，另外有一个人已经画好了蛇。那个人立刻把那壶酒抢过来，毫不客气地说：“蛇本来就没有脚，你怎么能够给它添上脚呢？”然后，他举起酒壶，很高兴地喝起酒来；而原先那个替蛇添脚的人，只能懊悔不已地在一旁吞口水了。

黄粱一梦

【解释】

“黄粱一梦”这则成语比喻虚幻不实的事和欲望的破灭就像做了一个享尽荣华富贵的美梦一样，醒来终成泡影。

【出处】

这个成语来源于唐·沈既济《枕中记》：卢生于邯郸逆旅遇道者吕翁，生自叹穷困，翁探囊中枕授曰：“枕此，当令汝荣适如意。”时主人蒸黄粱，生梦入枕中……及醒，黄粱尚未熟。

【画猿】轴 局部 [元] 颜辉 中国台北故宫博物院藏 73－2

【画猿】轴 局部 [元] 颜辉 中国台北故宫博物院藏 73-2

【故事】

从前有一个姓卢的穷书生，一次，他在邯郸的一家旅馆里遇到了道士吕翁，对吕翁大倒苦水，说自己的一生是如何的穷困潦倒。吕翁便从袖子里取出一个枕头让他枕在头下，吕翁说话的时候，旅店主人正在煮黄粱饭，而卢生因为旅途辛苦，确实很累，便糊里糊涂地倒在吕翁给他的枕头上睡着了。

不久，他便进入了梦乡，梦见自己来到一个不知名的地方，娶了当地一位年轻美貌、善良温顺的崔姓女子为妻。那个女子不但家境富有，贤淑能干，帮助他踏上了仕途，而且还替他生了几个子女。

后来，他的儿女都长大了，娶亲的娶亲，嫁人的嫁人，每个人都生活得非常舒适优裕，而卢生也一帆风顺，一直升到宰相的高位。

又过了若干年，儿女们给他添了孙子外孙，他便闲居在家里享福，做起老太爷来。由于他生活安逸心情愉快，加上家里的生活条件非常好，住得好，吃得好，所以他一直活到八十多岁才安然死去。

当他从梦中醒来的时候，嘴角边还挂着满足的微笑。可等他睁开眼睛一看，原来自己仍住在旅店的小房间中，刚才那些荣华富贵只是短暂的一场美梦罢了。甚至店主人煮的黄粱饭，也还没有煮熟呢。

卢生不由惆怅、失望极了。吕翁拍拍他的肩膀，安慰他说：“老弟，其实人生的荣华富贵，说穿了也不过是一场短促的梦罢了，人世的得失不过是过眼烟云，你何必如此想不开呢！”

击楫中流

【解释】

“击楫中流”这则成语的意思是指船到了河流的中央，举起楫（木桨）叩击船舷，表示收复失地、报效国家的雄心壮志。中流：河流的中央。楫：桨。

【出处】

这个成语来源于《晋书·祖逖传》：中流击楫而誓曰：“祖逖不能清中原而复济者，有如大江！”

【故事】

公元311年，匈奴贵族刘曜率军攻陷了晋朝的都城洛阳（今属河南），晋怀帝仓皇出逃。结果，半路被刘曜的骑兵抓住，当了俘虏。

这个消息传到南方，引起了许多爱国志士的强烈愤慨。有位名叫祖逖的将领，更是义愤填膺，强烈要求出兵北伐，收复中原。

祖逖，字士稚，范阳遒县（今河北涞水北）人。西晋末年，他率领数百户族人渡过黄河，南迁到淮河流域，后来抵达京口（今江苏镇江）。当时，晋朝在北方大势已去，但驻守在建业（今江苏南京）的琅琊王司马睿手中还有一些兵力。他任命祖逖为军谘祭酒（军事顾问官）。祖逖几次向他请兵北伐，他都置之不理。这次怀帝被俘，祖逖再也忍不下去了，便特地到建业，强烈要求司马睿发兵北伐，奋击戎狄（指外族统治集团），把受苦的百姓解救出来。司马睿想保存自己的力量，无意出战，因而沉默不言。于是祖逖再次请命道："大王如能下令出兵，并派我去收复中原，那里的百姓一定会望风响应！"司马睿没理由拒绝，便封他为奋威将军、豫州刺史，拨给一千人的粮饷和三千匹布，其余全让祖逖自己去筹集解决。

晋元帝司马睿

祖逖知道司马睿只是表面上支持他北伐，但他仍然不改志向。他马上返回京口，率领一百多户族人，渡过长江北去。

船到中流，祖逖望着滚滚东去的江水，举起船楫，叩击着船舷，激昂地起誓道："我祖逖这回如不能收复中原，就像这大江之水，有去无回！"祖逖率领族人过江后，一面招兵买马，一面打造武器，使队伍迅速扩大。后来挥师北上，终于收复了黄河以南的大部分地区。

鸡鸣狗盗

【解释】

“鸡鸣狗盗”这则成语的意思是装鸡叫哄人，装狗进行偷盗。后来用“鸡鸣狗盗”来比喻微不足道的技能（也指有这类技能的人）或不正当的小伎俩。

【出处】

这个成语来源于《史记·孟尝君列传》：最下坐者有能为狗盗者，曰：“臣能得狐白裘。”……客之居下坐者有能为鸡鸣，而鸡齐鸣，遂发传出。

【故事】

秦昭王仰慕齐国相国孟尝君的名，请他到秦国去。孟尝君带了许多门客前往，并献给秦王许多礼物。其中最珍贵的，是一件天下无双的白狐裘。秦王非常高兴，吩咐手下好好收藏起来。不久秦王拜孟尝君为相国。但后来听了一些大臣的话，又觉得他是齐国贵族，任用他对秦国不利；而放他回国，则担心他已掌握了秦国的情况，考虑再三，下令先把他软禁起来。

孟尝君不清楚秦王这样做的意图。秦王的弟弟泾阳君秘密地告诉他，又建议孟尝君买通秦王宠爱的燕姬，让她在秦王面前说好话，争取释放回国。

孟尝君取出一对上好的白璧，请泾阳君赠给燕姬，让她在秦王面前为自己说好话。不料，燕姬不要白璧，而要白狐裘。只有得到白狐裘，才肯向秦王求情。

白狐裘只有一件，并且已献给秦王，孟尝君与门客商量怎么办，大家一筹莫展。后来，有个坐在末位的门客说："我潜进宫去，把早先献给秦王的那件白狐裘偷出来！""你准备用什么办法去偷呢？"孟尝君问。

"我打算装扮成一条狗去偷！"孟尝君急于获救，马上同意。当夜，这门客从狗洞里钻进宫内，终于偷到了白狐裘。燕姬得到白狐裘后，马上说服秦王签发了过关的凭证，释放了孟尝君。

孟尝君怕秦王反悔，一拿到过关凭证，马上带了门客离开秦都。来到边境的函谷关时，因天还未亮，城门紧闭。按照规定，必须等鸡鸣才能开关。

这时，又有个居于末位的门客捏着脖子，发出鸡鸣的声音。连续的叫声，引得附近公鸡都啼叫起来。守关士兵听到鸡鸣声，以为天快亮了，验看了凭证，就开城门放孟尝君一行出去。

秦王果然反悔，派人迅速追赶。但追到函谷关时，孟尝君等早已出关了。

渐入佳境

【解释】

“渐入佳境”这则成语的意思是逐渐进入佳美的境地。比喻兴味逐渐浓厚或境况逐渐好转。渐：逐渐。

【出处】

这个成语来源于《晋书·顾恺之传》：恺之每食甘蔗，恒自尾至本，人或怪。云：“渐入佳境。”

【故事】

顾恺之是东晋时人，字长康，小名叫虎头，晋陵无锡（今属江苏）人。他多才多艺，不但诗赋写得好，而且字也写得很漂亮。他特别擅长的是绘画，是当时的著名画家，人们称他为“三绝”（才绝、画绝、痴绝）。

他年轻的时候，曾经做过大司马桓温的参军。那时，东晋地方割据十分严重。桓温主张国家统一，常常率领部队去讨伐那些割据势力，顾恺之也随桓温南征北战了许多年。桓温很看重他，两人结下了深厚的友谊。

有一次，顾恺之随桓温乘船到江陵去视察部队。到江陵的第二天，江陵的官员前来拜见，并送来很多捆当地的特产甘蔗。桓温见了十分高兴，吩咐大家一起尝尝。于是大家都拿着吃了起来，纷纷称赞甘蔗味道很甜。

这时，顾恺之正独自欣赏江景，没有去拿甘蔗。桓温见了，故意挑了一根长长的甘蔗，走到顾恺之跟前，把甘蔗末梢的一段塞到他手里。顾恺之看也不看，竟自啃了起来。

桓温又故意问顾恺之甘蔗甜不甜，旁边的人也一起嘻笑着问他。顾恺之这时才发现自己正啃甘蔗的末梢，便知道大家为什么嘻笑。他灵机一动说："你们笑什么？吃甘蔗，就应该从末梢吃起，这样，越吃越甜，叫做'渐入佳境'！"大家听了，一起哈哈大笑起来。据史书记载，后来，顾恺之每次吃甘蔗时，便都从末梢吃起，也有很多人渐渐仿效他的吃法！

其实，顾恺之是因为欣赏江景而忘情，但他善于应对，说得好像真的一样，并津津有味地从甘蔗末梢吃了起来，似乎真的越吃越甜一样。

后来，"渐入佳境"演化为成语，比喻兴味逐渐浓厚或者境况一点点好起来。

江郎才尽

【解释】

"江郎才尽"这则成语的意思是年轻时很有才气，到晚年文思渐渐衰退没了。比喻才思减退。尽：完，没了。江郎：指南朝文学家江淹。

【出处】

这个成语来源于《南史·江淹传》：尝宿于冶亭，梦一丈夫，自称郭璞，谓淹曰："吾有笔在卿处多年，可以见还。"淹乃探怀中，得五色彩笔以授之：尔后为诗，绝无美句，时人谓之才尽。

【故事】

江淹，字文通，是南北朝时梁朝考城人。他年轻的时候，家中很穷，连纸和笔都买不起。但他读书十分刻苦，经过发愤用功，不仅官至光禄大夫，而且成为一个非常有名的文学家，他的诗和文章在当时获得极高的评价。

可是，当他年纪渐渐大了以后，他的文章不但没有以前写得好了，而且退步不少。他的诗写出来也平淡无奇。过去他写作时，文思如潮，下笔如神，而且常常有绝妙的佳句。而现在却提笔苦苦思索很久，依旧写不出一句诗来，偶尔灵感来了，诗写出来了，但文句枯涩，内容平淡得一无可取。

有传说说，有一次江淹乘船停在禅灵寺的河边，梦见一个自称叫张景阳的人，向他讨还一匹绸缎，他就从怀中掏出几尺绸缎还他。因此，他的文章以后便不精彩了。

又有人传说，有一次江淹在凉亭中睡午觉，梦见一个自称郭璞的人，走到他的身边，对他说："文通兄，我有一支笔在你那儿已经很久了，现在应该可以还给我了吧！”江淹听了，就顺手从怀里取出一支五色笔来还他。据说从此以后，江淹就文思枯竭，再也写不出什么好的文章了。

噤若寒蝉

【解释】

“噤若寒蝉”这则成语原作“自同寒蝉”，意思是本身就像冷天时已不再鸣叫的蝉一样，闭口不说话。后世多作“噤若寒蝉”，比喻不敢做声或说话。噤：闭口不说话。寒蝉：冷天的蝉，不再鸣叫。

【出处】

这个成语来源于《后汉书·杜密传》：刘胜位为大夫，见礼上宾，而知善不荐，闻恶无言，隐情惜己，自同寒蝉，此罪人也。

【故事】

东汉时，担任过郡太守、尚书令的杜密才华出众，为官清正，执法严明。他曾参加打击宦官集团的斗争，对宦官和豪强子弟有恶必查，有罪必办。然而，他对有才能的人十分爱惜，总是设法使他们得到升迁或造就。

有一年，他到高密县巡视，发现有个名叫郑玄的乡官才学过人，便提拔他到郡里来任职，不久，又把他送到太学去深造。后来，郑玄终于成为东汉极负盛名的经学家。

杜密后来辞官回到了家乡，但仍然非常关心政事，时常和当地的郡守、县令谈论天下大事，推举贤士，揭发坏人坏事。

当时，同郡的刘胜告老还乡。他的处世哲学就与杜密不同，只是明哲保身。所以闭门谢客，不问政事，对好人坏人一概不闻不问。被当时人认为是清高的表现。

有一次，太守王昱和杜密谈起刘胜，夸他是清高之士，还说公卿们都称赞他的为人。杜密却不这样认为，说："刘胜地位很高，受到上宾的礼遇。但他知道有贤士不推荐，听到有人干坏事不吭声，如同冷天的蝉不再鸣，这实际上是罪人。"

惊弓之鸟

【解释】

"惊弓之鸟"这则成语的意思是受过箭伤、被弓弦声吓怕了的鸟。比喻受过惊吓或打击的人，遇到类似的情况，就会惊慌、害怕。

【出处】

这个成语来源于《战国策·楚策四》：更羸与魏王处京台之下，仰见飞鸟。更羸谓魏王曰："臣为王引弓虚发而下鸟。”……有间，雁从东方来，更羸以虚发而下之。

【故事】

战国末年，秦国日益强大，对其他各国虎视眈眈。有一个时期，赵、楚、燕、齐、韩、魏六国决定联合抗秦。一天，赵国使者魏加和楚国春申君一起商谈抗秦主将的人选。当魏加知道春申君准备让临武君担任主将时，只是摇头叹气不吭声。春申君问他为什么不同意，魏加想了想说：“我讲一个故事给你听，听完了，你就会明白的。”接着他就讲了起来：

“从前魏国有个神箭手名叫更羸，射起箭来真可以说是百发百中。一天，他和魏王一起散步时，天空中飞过几只大雁。他对魏王说：‘大王，我只要用弓，不用箭，就可以把鸟射下来。’魏王哪里相信。更羸又说：‘我试给你看。’过了一会，一只大雁从东方飞来，更羸举起弓，不用箭，拉了一下弓弦，随着‘咚’的一声弦响，大雁从空中掉了下来。

“魏王大吃一惊说：‘想不到你会有这样的本领。’更羸说：‘这并不是我有什么超人的本领，而是这只大雁受过箭伤。你没有看见他飞得很慢，叫声很悲切吗？飞得慢，是它的伤口疼痛，叫得悲是离开雁群很久了。它惊魂未定，又听到弦响，就拼命想往高处飞，一使劲，伤口又裂开，所以就掉下来了。’”接着，魏加话锋一转说：“临武君刚被秦军打败过，看到秦军就会害怕，如同受过伤的鸟一样，怎么能再让他担任主将呢？”

鞠躬尽瘁

【解释】

“鞠躬尽瘁”这则成语常和“死而后已”连用，意思是表示小心谨慎，竭尽全力去效劳，一直到死为止。鞠躬：弯着身子，表示恭敬谨慎。瘁：劳累。已：止。

【出处】

这个成语来源于诸葛亮《后出师表》（《三国志》裴松之注引《汉晋春秋》）：臣鞠躬尽瘁，死而后已。

【故事】

东汉末年，曹操死后，他的儿子曹丕执掌了政权。不久，曹丕取代汉献帝的统治，改国号为魏，自己做了皇帝，史称魏文帝。

这时，占据四川一带的刘备接着正式登基，江东的孙权也正式登基。于是，出现了魏、蜀、吴三国鼎立的局面。

诸葛亮

蜀汉的皇帝刘备任命诸葛亮为丞相。诸葛亮辅佐刘备，把蜀国治理得国富民强，百姓安居乐业。

不久，刘备去世，刘备的儿子刘禅继位。刘禅就是历史上著名的“刘阿斗”，他十分昏庸无能，只知享乐，便把国内的军政大权全交给诸葛亮处理。

诸葛亮一贯主张联吴伐魏，这时他一面和东吴交好，一面南征孟获，平定南方边境，然后积蓄力量，积极准备北伐。

过了一段时间，诸葛亮感到力量积聚得差不多了，便决定出祁山北伐魏国。在出师前，他给后主刘禅上表，要他听信忠言，任用贤臣，富国强兵。这道奏表，便是历史上有名的《前出师表》。

可是，这次北伐并没有成功，诸葛亮兵败以后，只得退兵回蜀。过了几年，诸葛亮决定再次北伐。当时，有一些臣子不赞成诸葛亮的出师北伐。于是，诸葛亮再次上表给后主，详细分析了当时的敌我形势，说明蜀汉和魏国势不两立，你不去伐他，他就要来伐你。这道奏章深深地打动了刘禅，使他同意诸葛亮北伐。

这第二道表，便是历史上有名的《后出师表》。在这道表的最后，诸葛亮表示他忠心为国，其中就用了“鞠躬尽瘁，死而后已”一句话，成为千古名句。

《前出师表》和《后出师表》由于表现了诸葛亮一心为国的忠贞气节，成了历史上广为传诵的散文名篇，在文学史上也有很高的价值。

举案齐眉

【解释】

“举案齐眉”这则成语形容妻子敬爱丈夫，或夫妻互敬互爱。

【出处】

这个成语来源于《后汉书·梁鸿传》：适吴，依大家皋伯通庑下，为赁舂，每归，妻为具食，不敢于鸿前仰视，举案齐眉。

【故事】

东汉时，有个名叫梁鸿的穷书生，依靠勤奋进入当时的最高学府太学。

梁鸿完成学业后，回到了家乡。乡里人知道他品格高、学问好，这次从京师回来，都很尊敬他。但他一点也没有太学生的架子，还是像农民一样下地干农活。

这样过了几年，家乡远近的人都知道梁鸿是个有学问的种地人，不少人想把女儿嫁给他，但都被他拒绝了。

县里的孟大爷非常有钱，他为女儿不肯出嫁而烦恼。有一次，孟大爷生气地问道：“你已经不小了，还这个不嫁，那个不嫁，到底打算怎么办？难道一辈子不嫁人？”女儿回答说：“除非像梁鸿那样的人，我才会嫁给他！”孟大爷听了，赶紧托人去向梁鸿传达女儿的心意。梁鸿觉得孟小姐很合适，就央人去求婚，孟家自然马上答应。

不久，梁鸿便和孟小姐成了亲。可是一连七天，梁鸿却不与新娘子说一句话。孟小姐十分奇怪，猜不透他为什么这样，便跪着对他说：“我听说你品格高尚，挑选妻子十分慎重，曾经拒绝过不少说亲的人家。我虽然长得不美，但也谢绝了好多人家。我和你情投意合，才做了夫妻，我也感到很幸运。但是七天了，你却不和我说一句话。我一定是有什么罪过，就向你请罪吧！”梁鸿不能不开口了，他开诚布公地说：“我想娶的是吃穿俭仆的妻子，这样才能跟我一块儿种庄稼、过隐居生活。现在你穿的是绫罗绸缎、戴的是金银珠宝，这怎么符合我的意愿呢？”孟小姐明白了丈夫的心思，对他说：“我身上穿的是婚礼服。但我知道你的心思，所以早就准备了粗布衣服麻布鞋，你不必为此烦恼。”说完，她退到内室，摘去首饰，换上粗布衣服，挎一

只筐子出来。梁鸿见了，高兴地说："这才是我的好妻子！"说罢，他高兴地给妻子起了个名字：孟光。不久，他们搬到了霸陵山中。夫妻俩靠种地和织布过日子，空下来就看看书，写写文章，弹弹琴。没过多久，他俩在霸陵也出了名。于是他们更名换姓，在齐、鲁一带住了一个时期。最后，他们搬到了吴中，故意投奔到富翁皋伯通家里，向他借了一间房子住下来。梁鸿天天出去给人家舂米或者种地，孟光在家里纺纱织布。

每天当梁鸿回家的时候，孟光就托着放有饭菜的盘子，恭恭敬敬地送到梁鸿面前。为了表示对丈夫的尊敬，她不仰视他，并且每次总是把盘子托得跟眉毛平齐，梁鸿也总是很有礼貌地双手接过盘子。一次，皋伯通看到了他俩互敬互爱的情景，知道梁鸿不是平常的庄稼人，就把他一家接到自己家里，并且供给他们吃的和穿的，让梁鸿安心读书做文章。不久梁鸿病死，孟光才带着儿子回到老家去。

刻舟求剑

【解释】

"刻舟求剑"这则成语的意思是在剑落水的船身上刻上记号，再去找剑。用来讽刺固执而不知变化的愚蠢可笑的行为。舟：船。求：寻找。

【出处】

这个成语来源于《吕氏春秋·察今》：楚人有涉江者，其剑自舟中坠于水，遽刻其舟，曰：“是吾剑之所从坠。”舟止，从其所契者入水求之。舟已行矣，而剑不行。求剑若此，不亦惑乎！

【故事】

战国时，楚国有个人坐船渡江。船到江心，他一不小心，把随身携带的一把宝剑掉落江中。他赶紧去抓，已经来不及了。

船上的人对此感到非常惋惜，但那楚人似乎胸有成竹，马上掏出一把小刀，在船舷上刻上一个记号，并向大家说：“这是我宝剑落水的地方，所以我要刻上一个记号。”大家都为他的举动感到莫名奇妙。

船靠岸后，那楚人立即在船上刻记号的地方下水，去捞取掉落的宝剑。捞了半天，不见宝剑的影子。他觉得很奇怪，自言自语说：“我的宝剑不就是在这里掉下去吗？我还在这里刻了记号呢，怎么会找不到的呢？”至此，船上的人纷纷大笑起来，对他说：“剑掉落在江中后，船继续行驶，而宝剑却不会再移动。”像他这样去找剑，真是太愚蠢可笑了。

《吕氏春秋》的作者在写完这个故事后评论说这个“刻舟求剑”的人是“太愚蠢可笑了”！

口 蜜 腹 剑

【解释】

“口蜜腹剑”这则成语的意思是口头上说话好听，像蜜一样甜，肚子里却怀着暗害人的阴谋。形容奸诈之徒的阴险毒辣。

【出处】

这个成语来源于《资治通鉴·唐纪》玄宗天宝元年条：李林甫为相……尤忌文学之士，或阳与之善，啖以甘言而阴陷之。世谓李林甫“口有蜜，腹有剑”。

【故事】

李林甫，唐玄宗时官居“兵部尚书”兼“中书令”，这是宰相的职位。此人若论才艺倒也不错，能书善画。但若论品德，那是坏透了。他嫉才害人，凡才能比他强、声望比他高的人，权势地位和他差不多的人他都不择手段地想方设法给以排斥打击。对唐玄宗，他有一套谄媚奉承的本领。他竭力迁就玄宗，并且采用种种手法，讨好玄宗宠信的妃嫔以及心腹太监，取得他们的欢心和支持，以便保住自己的地位。李林甫面对别

唐玄宗

人时，外貌上总是露出一副和蔼可亲的样子，嘴里尽说些动听的“善意”话。但实际上，他的性格非常阴险狡猾，常常暗中害人。例如：有一次，他装作诚恳的样子对同僚李适之说：“华山出产大量黄金，如果能够开采出来，就可大大增加国家的财富。可惜皇上还不知道。”李适之以为这是真话，连忙跑去建议玄宗快点开采。玄宗一听很高兴，立刻把李林甫找来商议，李林甫却说：“这件事我早知道了。华山是帝王‘风水’集中的地方，怎么可以随便开采呢？别人劝您开采，恐怕是不怀好意。我几次想把这件事告诉您，只是不敢开口。”玄宗被他这番话所打动，认为他真是一位忠君爱国的臣子，认为适之心怀不轨而疏远了他。

就这样，李林甫凭借这套特殊“本领”，高踞相位长达十九年。

后来，宋朝司马光在编《资治通鉴》时评价李林甫，指出他是个口蜜腹剑的人，这是很符合实际的。

脍炙人口

【解释】

“脍炙人口”这则成语的意思原指人人爱吃的美食（烤肉），后用来比喻人人赞美的事物和传诵的诗文。脍：细切的肉。炙：烤肉。

【出处】

这个成语来源于《孟子·尽心下》：曾皙嗜羊枣，而曾子不忍食羊枣。公孙丑问曰："脍炙与羊枣孰美？"孟子曰："脍炙哉！"公孙丑曰："然则曾子何为食脍炙而不食羊枣？"曰："脍炙所同也，羊枣所独也。讳名不讳姓，姓所同也，名所独也。"

【故事】

春秋时，有父子两人，他们同是孔子的弟子。父亲曾皙爱吃羊枣（一种野生果子，俗名叫牛奶柿）；儿子曾参是个孝子，父亲死后，竟不忍心吃羊枣。这件事情在当时曾被儒家弟子广为传颂。到了战国时，孟子的弟子公孙丑对这件事不能理解，于是就去向老师孟子请教。公孙丑问："老师，脍炙和羊枣，哪一样好吃？""当然是脍炙好吃，没有哪个不爱吃脍炙的！"公孙丑又问："既然脍炙好吃，那么曾参和他父亲也应该都爱吃脍炙了。那曾参为什么不戒吃脍炙，而只戒吃羊枣呢？"孟子回答说："脍炙，是大家都爱吃的；羊枣的滋味虽比不上脍炙，但却是曾皙特别爱吃的。所以曾参只戒吃羊枣。好比对长辈只忌讳叫名字，不忌讳称姓一样，姓有相同的，名字却是自己所独有的。"孟子的一席话，使公孙丑明白了其中的道理。后来人们从孟子所说的"脍炙，所同也"里引申出"脍炙人口"这句成语。用来比喻人人赞美的事物和传诵的诗文。

滥竽充数

【解释】

“滥竽充数”这则成语的意思是指没有真才实学的人混在行家里充数，或是以次充好，有时也用作自谦之辞。滥：失实，与真实不符，引申为蒙混的意思。竽：一种簧管乐器。充数：凑数。

【出处】

这个成语来源于《韩非子·内储说上》：齐宣王使人吹竽，必三百人。南郭处士请为王吹竽，宣王说之，廪食以数百人。宣王死，湣王立，好一一听之，处士逃。

【故事】

战国时期，齐宣王非常喜欢听人吹竽，而且喜欢许多人一起合奏给他听，所以齐宣王派人到处搜罗能吹善奏的乐工，组成了一支三百人的吹竽乐队。而那些被挑选入宫的乐师，受到了特别优厚的待遇。

当时，有一个游手好闲、不务正业的浪荡子弟，名叫南郭。他听说齐宣王有这种嗜好，就一心想混进那个乐队，便设法求见宣王，向他吹嘘自己是一名了不起的乐师，博得了宣王的欢心，把他编入了吹竽的乐队。

可笑的是，这位南郭先生并不擅长吹竽。每当乐队给齐宣王吹奏的时候，他就混在队伍里，学着其他乐工的样子，摇头晃脑、东摇西摆、装模作样地在那儿“吹奏”。因为他学得惟妙惟肖，又由于是几百人在一起吹奏，齐宣王也听不出谁会谁不会。就这样，南郭混了好几年，不但没有露出一丝破绽，而且还和别的乐工一样领到一份优厚的赏赐，过着舒适的生活。

后来，齐宣王去世，他儿子齐湣王继位，湣王同样爱听吹竽。但不同的是，他不喜欢合奏，而喜欢乐师们一个个单独吹给他听。

南郭先生听到这个消息后，吓得浑身冒汗，整天提心吊胆的。心想，这回要露出马脚来了，丢饭碗是小事，要是落个欺君犯上的罪名，连脑袋也保不住了。所以，趁湣王还没叫他演奏，就赶紧溜走了。

狼狈为奸

【解释】

“狼狈为奸”这则成语的意思是狼和狈常合伙伤害牲畜，因此用来比喻相互勾结干坏事。

【出处】

这个成语来源于《博物典汇》：狼前二足长，

后二足短；狈前二足短，后二足长；狼无狈不立，狈无狼不行。

【故事】

狼和狈是两种野兽，它们长得形状十分相似，性情也十分相近。它们之间所不同的是，狼的两条前腿长，两条后腿短；而狈正好相反，它的两条前腿短，而两条后腿长。这两种野兽，常常一起出去偷吃人家蓄养的家畜，对人类造成很大的危害。

传说有一次，一只狼和一只狈一起来到一家农民的羊圈外面，知道里面有好多的羊，便打算偷一只羊来吃。可是，羊圈筑得很高，又很坚固，既跳不过去，也撞不开门，一时不知道如何是好。

它们商量了一下，终于想到了一个办法，那就是让狼骑在狈的脖子上面，再由狈用两条长腿站立起来，把狼扛得高高的，然后狼再用它的两条长长的前脚，攀住羊圈，把羊叼走。

于是，那狈便蹲下身来，让狼爬到身上，然后用前脚抓住羊圈的竹篱，慢慢地把身子站直。等狈站直后，狼再将两只后脚站在狈的脖颈上，前脚抓住竹篱，一点一点地站直，把两只长长的前脚伸进竹篱，猛地抓住了一只在竹篱旁的羊。

在这次行动中，如果单单只有狼，或只有狈，都一定没办法爬上羊圈，把羊偷走；可是，它们却会利用彼此的长处，互相合作，而把羊偷走。

后来，人们就根据上面这则故事，而引申成“狼狈为奸”这一成语，用来比喻两个或多个人聚集在一起，互相勾结做坏事。

老当益壮

【解释】

“老当益壮”这则成语的意思是形容年纪虽老而志气更加豪壮。

【出处】

这个成语来源于《后汉书·马援传》：（援）常谓宾客曰：“丈夫为志，穷当益坚，老当益壮。”

【故事】

东汉名将马援，从小就胸怀大志，希望有朝一日能到边疆去发展畜牧业。马援长大以后，当了扶风郡的督邮。有一次，郡太守派他送犯人到长安。半路上，他觉得犯人怪可怜的，不忍心把他送去受刑，就把他放走了。自己也只好丢了官，逃亡到外地躲起来。这时恰好赶上大赦，以前的事不再追究。于是他安心地搞起畜牧业和农业生产。

不到几年工夫，马援成了一个大畜牧主和地主。他有牛羊几千头，粮食几万石。但是，他对富裕生活并不满足。他把自已积攒的财产、牛羊都分送给他的兄弟、朋友。他说："做个守财奴，太没有意思了。"他常对朋友说："做个大丈夫，总要'穷当益坚，老当益壮'才行。"就是说，越穷困，志向越要坚定；越年老，志气越要豪壮。后来，马援成了东汉有名的将领，为光武帝立下了累累战功。

马 援

老生常谈

【解释】

"老生常谈"这则成语的意思是老书生常讲的平凡话，没有一点新意。比喻听惯听厌的话。

【出处】

这个成语来源于《三国志·魏志·管辂传》："此老生之常谭（谈）。"

【故事】

三国时候，有个名叫管辂的人，从小勤奋好学、才思敏捷，尤其喜爱天文。十五岁时，已熟读《周易》，通晓占卜术，渐渐小有名气。

日子一久，传到吏部尚书何晏耳里。农历十二月二十八日，他闲着无聊，便派人把管辂召来替他们占卜。当时邓飏也正好在何晏家里。

管辂早就听说这两人是曹操侄孙曹爽的心腹，倚仗权势，胡作非为，名声很不好。

何晏一见管辂，就大声嚷道："听说你的占卜很灵验，快替我算一卦，看我能不能再有机会升官发财。另外，这几天晚上我还梦见苍蝇总是叮在鼻子上，这是什么预兆？"管辂想了一想，说："从前周公忠厚正直，辅助周成王建国立业，国泰民安；现在你的职位比周公还高，可感激你恩情的人很少，惧怕你的人却很多，这恐怕不是好预兆。你的梦按照卜术来测，也是个凶相啊！"管辂接着又说："要想逢凶化吉，消灾避难，只有多效仿周公等大圣贤们，发善心，行善事。"邓飏一旁听了，很不以为然，连连摇头说："这都是些老生常谈，没什么意思！"何晏脸色铁青，一语不发。管辂见了，哈哈一笑："虽说是老生常谈，却不能加以轻视啊！"不久，新年到了，传来消息说何晏、邓飏与曹爽一起因谋反而遭诛杀。管辂得知后，连声说："老生常谈的话，他们却置之不理，所以难怪有如此下场啊！"

乐不思蜀

【解释】

“乐不思蜀”这则成语的意思是快乐得不再思念蜀国，表示乐而忘返或乐而忘本。蜀：三国时的蜀国。

【出处】

这个成语来源于《三国志·蜀志·后主禅传》裴松之注引晋·习凿齿《汉晋春秋》：司马文王（昭）与禅宴，为之作故蜀技……他日，王问禅曰：“颇思蜀否？”禅曰：“此间乐，不思蜀。”

【故事】

223年，蜀汉的建立者刘备因病去世。他十六岁的儿子刘禅即位，称后主。刘禅是个昏庸无能的人，即位初由于丞相诸葛亮等人的辅佐，还能很好地治理国家。后来辅佐他的人先后去世，自己又只知道玩乐，国势也因此日趋衰弱。

263年，魏国大将邓艾攻下绵竹，大军直逼成都。刘禅投降，当了俘虏，蜀汉灭亡。

不久，魏帝曹奂命刘禅迁到魏国都城洛阳居住，并封他为安乐公，给予他很多赏赐。刘禅对此很满足，心安理得地在异国他乡重过享乐生活。

当时，魏国的大权掌握在晋王司马昭手中。一天，司马昭请刘禅饮酒。席间，特地为他表演了蜀地歌舞。在场的蜀汉旧臣看了，触景生情，十分难过，有的还掉下了眼泪。只有刘禅观看得津津有味，乐不可支，全无亡国之恨。

司马昭见到这种情况后，私下对一位大臣说："一个人竟糊涂到这等程度，真是不可思议。如此看来，即使诸葛亮还活着，也不能保住他的江山！"席间，司马昭故意问刘禅说："你思念蜀地吗？""在这里很快乐，我不思念蜀地。"刘禅回答说。过了一会儿，后主起身上厕所，原在蜀汉任职的郤（xì）正跟到廊下，暗地里对刘禅说："今后大将军再问您是否还思念蜀地，您应该哭着说，我没有一天不思念。这样，您还有希望回到蜀地去。"不久，司马昭果然又问刘禅是否还思念蜀地，刘禅照郤正教的说了，还勉强挤出了几滴眼泪。

不料司马昭已猜到郤正教刘禅说这话的，听后哈哈大笑，当场点穿，刘禅只得承认下来。

李代桃僵

【解释】

“李代桃僵”这则成语的意思是比喻以此代彼或代人受过，或兄弟间互助互爱。僵：枯死。

【出处】

这个成语来源于宋·郭茂倩编《乐府诗集·相和歌辞·鸡鸣》：桃生露井上，李树生桃傍。虫来啮桃根，李树代桃僵。树木身相代，兄弟还相忘。

【故事】

我国古代有一处音乐官署，称为“乐府”，它主要掌管朝会宴请、上路游行时所用的音乐，同时也采集民间的诗歌和乐曲。南北朝时，出现了许多乐府诗，也就是乐府配合音乐而演唱的歌辞。后人把它分为十二类，《相和歌辞》是其中一类，原来都是民间歌谣。

《相和歌辞》中有一篇名叫《鸡鸣》，它暴露了汉代望族统治者盛衰无常的生活。

《鸡鸣》分为三段，第一段描写了当时社会的太平繁荣景象，同时描述了当时一种特有的怪现象：出身低微的人一旦得了势，就马上可以成为显赫一时的皇亲国戚。但他们作威作福，最后都成为了刀下之鬼。

第二段写了当时富贵人家的奢华排场。传说有兄弟五人，都是好吃懒做、游手好闲的浪荡子。一天，他们突然得到皇帝赏识，当上了侍中郎。从此，他们就富贵荣华起来了。

他们住的宅第，宅门用黄金镶造，屋顶上的黄琉璃瓦，看上去就像王府一样富丽堂皇。厅堂上，时常摆着各种酒樽，以供他们整夜宴请宾客。在宴饮时，美丽的女乐工们为他们演奏音乐。宅第后花园的池塘里，还养着三十六对色彩鲜艳的鸳鸯，以供他们玩乐。每当朝官休假沐浴的日子，五兄弟在大批随从簇拥下乘车回家。他们骑的马，马络头都用黄金镶着，闪闪发亮。街道上挤满了看热闹的人。

第三段写五兄弟中有人犯了法、受刑，其他兄弟为了不丧失自己的利益，不闻不问，甚至互相倾轧，弄得丑态百出。

诗的最后，借老百姓之口唱了一首歌，来讽刺这帮没有心肝的兄弟：“桃树生长在露天的井旁，李树又生长在桃树边上。蛀虫来啃咬桃树的根，李树替代桃树被啃咬而僵死枯去。树木还会以身相代，而兄弟却互相忘掉。”

厉兵秣马

【解释】

“厉兵秣马”这则成语的意思是指磨好刀枪，喂好战马，形容准备战斗。也泛指事前充分做好准备工作。厉：同“砺”，磨刀石，用作动词，磨。兵：兵器。秣：喂。

【出处】

这个成语来源于《左传·僖公三三年》：郑穆公使视客馆，则束载、厉兵秣马矣。

【故事】

杞子，秦国的大夫，驻守在郑国。有一天，他派人密报秦穆公，让他趁秦驻军掌管郑国北门之便，来偷袭郑国。穆公接到密报，觉得机不可失，就不听大夫蹇叔劝阻，立即派孟明视、西乞术、白乙丙三将帅领兵远征郑国，西乞术和白乙丙是蹇叔的儿子。送别时，蹇叔抱住儿子失声痛哭，还说：“你们一定会在殽这地方遭到晋军抵御，到时，我来给你收尸。”穆公知道后，大骂蹇叔该死。秦军经长途跋涉来到了离郑国不远的滑国，郑国商人弦高正巧去周朝做买卖也经过滑国，得知秦军将进攻自己的国家，他不动声色，假称受郑穆公的派遣，对秦军说：“我们国君知道你

们要来，要我送一批牲口来犒劳你们。”这样稳住秦军后，弦高暗中派人把秦军进犯的消息急速告诉郑穆公。

郑穆公接到弦高的密报，马上派人去杞子等人的住地察看动静，见他们果然已扎好了行李，“厉兵秣马”，准备作秦军的内应。郑穆公证实了弦高的消息后，就派皇武子去杞子处说：“我们很抱歉，没有好好款待你们，现在你们的孟明将军要来了，你们可以跟他去了。”杞子等人见事已败露，就分别逃往齐国、宋国。

孟明视得到消息，知道偷袭不能成功，怏怏地说：“郑国已有准备了，我们无人作内应，伐郑没有希望了，还是回去吧。”于是，他下令班师回国。还师途中，经过殽地，果然遭到了晋军的伏击，秦军全军覆没，孟明视等三位统帅成了晋国的俘虏。

两袖清风

【解释】

“两袖清风”这则成语原作“两腋清风”，形容喝茶或饮酒之后清爽舒畅的感觉。后世多作“两

【枯荷鸂鶒】轴 局部 ［元］张中 中国台北故宫博物院藏

【枯荷鸂鶒】轴 局部 ［元］张中 中国台北故宫博物院藏 73－3

袖清风”，比喻为官清廉，除了两袖清风外一无所有。

【出处】

这个成语来源于明·都穆《都公谭纂》上、明·田汝成《西湖游览志余·八·贤达高风》：人传其诗云：“绢帕蘑菇与线香，本资民用反为殃。清风两袖朝天去，免得闾阎话短长。”

【故事】

于谦，是明朝著名的民族英雄和诗人。他二十四岁中进士，不久就担任监察御史。明宣宗很赏识他的才能，破格提升他为河南、山西巡抚。尽管身居高官，他过的生活非常俭朴，吃住都十分简单。

于谦

明宣宗去世以后，九岁的太子朱祈镇继位，史称明英宗。因皇帝年少，宦官王振专权。王振勾结内外官僚作威作福，大臣都叫他为“翁父”。于谦看不惯他专擅朝政，从不逢迎他。为此，王振对于谦非常嫉恨。

当时外省官员进京朝见皇帝或办事，都要贿赂朝中权贵，否则寸步难行。于谦在担任巡抚从外地回京时，他的幕僚建议他买些蘑菇、绢帕、线香之类的土特产孝敬权贵。于谦不这样做。他甩了甩两只宽大的袖管，说：

“我就带两袖清风！”回到家里，他就写了一首题为《入京》的七绝诗。他在诗中写道：

绢帕蘑菇与线香，本资民用反为殃。
清风两袖朝天去，免得闾阎话短长。

鹿死谁手

【解释】

“鹿死谁手”这则成语的意思是以鹿为追逐争夺的对象，鹿最后死在谁手里。后世用来比喻天下政权为谁所得；也可指谁能取得最后的胜利。鹿：这里指猎取对象，比喻天下、政权。

【出处】

这个成语来源于《晋书·石勒载记》：勒因飨酒酣，笑曰：“朕若逢高皇，当北面而事之，与韩、彭竞鞭而争先耳。朕遇光武，当并驱于中原，未知鹿死谁手。”

【故事】

东晋时，中国的北方有匈奴、鲜卑、氐、羌、羯等五个少数民族，他们曾先后起兵对抗汉族政权，这便是历史上所称的“五胡乱华”。

那时，有个羯族人名叫石勒，他幼年时曾随同部落里的大人到洛阳贩卖过货物，又曾经给别人做过长工。

晋惠帝末年，因为并州闹饥荒，二十多岁的石勒被并州刺史司马腾卖到山东一个名叫师欢的人家里做奴隶。师欢看到他相貌堂堂，与众不同，对他十分优待，不久便免了他的奴籍，让他当了佃客。

后来，石勒聚集王阳、郭敖等十八人为骨干，与汲桑一起聚众起义。起义失败后，他便投奔匈奴族的酋长刘渊，成为刘渊部下的一员大将。

304 年，刘渊称帝，建立汉国政权。几年后，刘渊去世，他的儿子刘聪、侄儿刘曜相继登位，刘曜并改国号为赵（历史上称为前赵）。这时，石勒重用汉族人张宾为谋士，联合汉族中的地方豪强，发展成为割据一方的割据势力。

318 年，石勒消灭了西晋在北方的残余势力。第二年，他断绝和前赵的君臣关系，自称为帝，但仍沿用赵国的名号，历史上称为后赵。一般来说，后赵的国势在五胡十六国中是最强盛的。

有一次，石勒在宴请自己臣僚的酒会上，曾经自我夸耀地说："假如我和汉高祖（西汉开国皇帝刘邦）生在同一个时代，我自认为不如他，一定和韩信、彭越一样做他的部下，为他奋战疆场；但如果遇到汉光武帝（东汉开国皇帝刘秀）那样的国君，我一定要和他在中原一带比一比高下，到那时鹿死在谁手上还不知道呢！"

洛阳纸贵

【解释】

“洛阳纸贵”这则成语比喻著作风行一时，流传很广。

【出处】

这个成语来源于《晋书·左思传》：于是豪贵之家竞相传写，洛阳为之纸贵。

【故事】

左思是西晋时期的著名作家，他写文章非常认真，从不追求多产速成，因此，写出的文章质量很高。他曾用一年的时间，写了一篇《齐都赋》。后来，因为他的妹妹被选入宫，全家迁居京城洛阳，他被任为著书郎。从这时起，左思开始计划写《三都赋》（三都，指魏、蜀、吴三国的都城）。他整天苦心构思，时时刻刻都在想着这篇文章。他在书房外的走廊里、庭院里，甚至厕所里都挂上纸笔，每得佳句，不论一句半句，立刻记录下来。经过十年的努力，终于写成了这篇享有盛名的《三都赋》。

《三都赋》一问世，由于在内容和形式上达到了空前的高度，艺术价值极高，于是，当时京城洛阳有地位的人都争着买纸抄写阅读。这样，洛阳的纸张突然变得供不应求，价格大涨。

马革裹尸

【解释】

“马革裹尸”这则成语的意思是指战死沙场后，用马皮把尸首包裹起来埋葬了。形容英勇作战，多指为正义事业而献身疆场。

【出处】

这个成语来源于《后汉书·马援传》：援请击匈奴曰：“男儿当效死于边野，以马革裹尸还葬耳，何能卧床上，在儿女子手中耶？”

【故事】

马援，字文渊，东汉茂陵（在今陕西）人。有一次，他去讨伐割据的军阀隗嚣，打了胜仗回来，他的老朋友们都去向他道贺。光武帝刘秀也给他很丰厚的赏赐。可是马援却觉得自己的功劳太微薄了，不值得如此厚赏。

他认为，以前的伏波将军路博德开辟南越，建立了七个郡，只得到几百户封地，而自己功绩远不如他，却得到一个县封地，实在过意不去，所以想再替国家

立些功劳。

正好那时匈奴侵掠扶风县，马援便向光武帝要求再度出征。出发前，马援慷慨激昂地说："大丈夫应当效死疆场，用马革裹着尸首回来才光荣，怎能躺在病床上，靠儿女服侍呢？"后来，洞庭湖一带又发生五溪蛮人作乱，光武帝曾派人去征战，结果因不能适应那里的气候，全军都覆没了。马援知道后，主动向光武帝表示愿领兵出征，光武帝想了想说："你的年纪太老了吧！""我虽然已六十岁了，但仍能披甲上马，不能算老。"马援说完，穿好甲胄，一跃登上马鞍，表示自己仍是可用之将。光武帝看了，称赞他说："这位老人家，真是老当益壮啊！"于是，光武便命他率军出征。马援在这次战役中，奋勇杀敌，斩杀了二千多蛮人，给敌人致命的一击。可是，就要凯旋回乡时，他不幸染上瘟疫，病死军中。

在这个故事里，还引申出"老当益壮"这个成语，用来形容年纪虽老，志气却更豪壮。

买椟还珠

【解释】

“买椟还珠”这则成语的意思是把装珠宝的木匣买走，而把贵重的珠宝还给卖者。比喻舍本逐末，取舍失当。椟：木匣。

【出处】

这个成语来源于《韩非子·外储说左上》：楚人有卖其珠于郑者，为木兰之柜，熏以桂椒，缀以珠玉，饰以玫瑰，辑以羽翠，郑人买其椟而还其珠。此可谓善卖椟矣，未可谓善鬻珠也。

【故事】

春秋时代，楚国有一个珠宝商人，常常往来于楚国和郑国之间做生意。

有一次，他准备带一批珠宝到郑国去卖，为了吸引顾客，他想了一个招揽顾客的办法。

首先，他选了一些上等的兰木，做成许多式样十分新颖的木匣，然后在匣子外面雕刻上精致的玫瑰花纹，四周还镶嵌了许多彩色的羽毛，同时还用名贵的香料把匣子薰得香喷喷的。他想，把珠宝放在这样的匣子里，郑国人一定会抢着买，他就可以好好地做一笔生意了。

于是，这个珠宝商做好了准备，就满怀希望动身到

郑国去了。到了郑国以后，他选了一条最热闹的街市来展示他的珠宝。

果然不出所料，马上有许多人围拢来欣赏、观看，珠宝商看到客人这么拥挤，心中暗暗高兴，以为可以大赚一笔钱了。

可是他仔细一听顾客的对话，不由紧张起来。原来顾客们欣赏的是匣子的样式以及装饰的美丽，而对匣中的珠宝，却毫不在意。

珠宝商为了改变这个局面，高声推销匣子中的珠宝，可是顾客们感兴趣的只是那些匣子，甚至有人宁愿出很高的价钱只买匣子，而把珠宝无条件地还给那个珠宝商呢！

毛 遂 自 荐

【解释】

“毛遂自荐”这则成语的意思原指战国时赵国平原君的门客毛遂，自己推荐自己。后比喻自告奋勇，自我推荐去从事某项工作。毛遂：战国时赵国平原君的门客。自荐：自己推荐自己。

【出处】

这个成语来源于《史记·平原君列传》：门下

有毛遂者，前，自赞于平原君曰："遂闻君将合从于楚……今少一人，愿君即以遂备员而行矣。"

【故事】

公元前251年，秦国的军队包围了赵国的都城邯郸。赵王派相国平原君出使楚国，要求楚考烈王与赵国联合起来抗击秦国。

平原君打算从食客中挑出二十个智勇双全的人，随同他前往楚国。挑出十九人后，还有一个再也找不到合适的了。

有个名叫毛遂的食客，向平原君自我推荐道："听说您要带二十人前往楚国，现在尚缺一人，请您让我来凑满数吧。"平原君不熟悉毛遂，问他道："先生到我门下有几年了？""已有三年了。""一个有本事的人在世上，好比一把锥子装进口袋，马上可以看到锥尖戳破袋钻出来。你来这里三年，我从未听别人有称赞你的话。可见你一无所长，所以你不适合去，还是留下吧！""如果早放进口袋，那么不仅是锥尖钻出口袋，恐怕整个锥子会像禾穗那样挺出来呢。今天，我就请您把我当做锥子放进口袋。"毛遂回答说。

于是，平原君同意他随同前往。途中，同行的人在与他交谈过程中，逐步发觉他是个了不起的人物，都很钦佩他。一到楚国，他们马上展开游说活动。不料，楚王不愿联合抗秦，平原君也说服不了他。毛遂便上台去说服楚王。楚王听说毛遂是平原君门下的食客，怒气冲冲地要他下台去。毛遂按着剑走近楚王，大声说道："大王所以敢当众叱责我，是因为楚国人多势众。但如今大王与我处于十步之内，楚国纵然强大，大王也倚仗不着，因为您的性命掌握在我毛遂手里！"楚王被毛遂勇敢的举动吓呆了。接着，毛遂又向楚王分析说，共同抗秦对赵、楚双方都有好处，道理是如此清楚、明白，没有理由反对。

毛遂的一席话，终于说服了楚王。楚王决定和平原君歃血为盟，联合抗秦。

门可罗雀

【解释】

"门可罗雀"这则成语的意思是门前可以张网捕雀。形容门庭冷落，宾客稀少。

【出处】

这个成语来源于《史记·汲郑列传》：始翟公为廷尉，宾客阗门；及废，门外可设雀罗。

【故事】

西汉著名的史学家、文学家司马迁，曾经为汉武帝手下的两位大臣合写了一篇传记，一位是汲黯，另一位是郑庄。汲黯，字长孺，濮阳（今属河南省）人，景帝时，

汲 黯

曾任太子洗马，武帝时，曾做过东海太守，后来又任主爵都尉。郑庄，陈（今河南淮阳县）人，景帝时，曾经担任太子舍人，武帝时担任大农令。这两位大臣都为官清正，刚直不阿，曾位列九卿，声名显赫，权势高，威望重，上他们家拜访的人络绎不绝，出出进进，十分热闹，谁都以能与他们结交为荣。

可是，由于他们太刚直了，汉武帝后来撤了他们的职。他们丢了官，失去了权势，就再也没人去拜访他们了。

司马迁在叙述了两人的生平事迹后，深为感慨地说：像汲黯、郑庄这样贤良的人，有势力时，客人很多；一旦失去权势，便门可罗雀，其他的人就更不用说了。于是他又联想到两人的情况和下邽的翟公一样。

接着，他又介绍了翟公的情况。翟公曾经当过廷尉（中央掌管司法的长官）。他在任上的时候，登他家门拜访的宾客十分拥挤，塞满了门庭。后来他被罢了官，就没有宾客再登门了，结果门口冷落得可以张起网来捕捉鸟雀了。官场多变，过了一个时期，翟公官复原职。于是，那班宾客又来登门拜访他了。翟公感慨万千，在门上写了几句话：“一生一死，乃知交情；一贫一富，乃知交态；一贵一贱，交情乃见。”

门庭若市

【解释】

“门庭若市”这则成语的意思是门口和庭院里热闹得像集市一样。形容来的人多。

【出处】

这个成语来源于《战国策·齐策一》：齐王乃下令：“群臣吏民，能面刺寡人之过者，受上赏；上书谏寡人者，受中赏；能谤讥于市朝，闻寡人之耳者，受下赏。”令初下，群臣进谏，门庭若市。

【故事】

战国时，齐国有一位大夫名叫邹忌，人长得很英俊。有一天早晨，他穿好朝服，戴好帽子，对着镜子端详一番，然后问他的妻子说：“我和城北徐公比较起来，谁长得英俊？”“你英俊极了，徐公怎么比得上你呢？”妻子说。徐公是齐国出名的美男子。邹忌听了妻子的话，并不太敢相信自己真的比徐公英俊，于是他又去问他的爱妾，爱妾回答说：“徐公怎能比得上你呢？”第二天，邹忌家中来了一位客人，邹忌又问了客人，客人说：“徐公哪有你这样俊美呀！”过了几天，正巧徐公到邹忌家来拜访，邹忌便乘机仔细地打量徐公，和自己比较。结果他发现自己实在没有徐公英俊。于是，他想："妻子说我英俊，是因为偏爱我；爱妾说我英俊，是因为惧怕我；客人说我英俊，是因为有求于我。其实我实在没有徐公英俊啊！"接着，他又从这件事联想到，齐威王身为一国之君，所受到的蒙蔽一定更多。第二天早朝，他就把发生在自己身上的事说给齐威王听，并劝谏说："现在齐国地方千里，城池众多，大王接触的人也比我多得多，所受的蒙蔽也一定更多。大王如能开诚布公地征求意见，一定对国家有益。"齐威王听了，觉得很有道理，立刻下令说："无论是谁，能当面指出我过失的，给上赏；上奏章规劝我的，给中赏；在朝廷或街市中议论我的过失，并传到我耳中的，给下赏！"命令一下，群臣前去进谏的，一时川流不息，朝廷门口每天像市场一样热闹。

名落孙山

【解释】

"名落孙山"这则成语的意思是名次排在榜上最后一名的孙山的后面。表示投考没有录取。孙山：人名。

【出处】

这个成语来源于宋·范公偁《过庭录》：乡人问其子得失，山曰："解名尽处是孙山，贤郎更在孙山外。"

【故事】

宋朝时读书人要做官，必须参加科举考试。乡试（科举考试中地方上最高一级的考试）合格的称为举人。取得了举人的资格，就可以到京都参加最高一级的考试——会试了。有一年秋天，省城里要举行乡试，当地有个名叫孙山的读书人，准备到省城去应试。

孙山能说会道，乡里人对他中举寄予厚望。临行前，乡里一位老人来拜访孙山，请孙山与他的儿子一起去应考，以便他儿子能得到一些照应。孙山爽快地答应了。

他们到省城后，很顺当地参加了考试，接着是等待发榜。

发榜那天，孙山怀着紧张的心情，到发榜处去观看。看榜的人很拥挤，孙山好不容易才挤到前面，一连看了几遍，都没有看到自己的名字。他灰心丧气，准备再看一遍，榜上确实无名字就离去。结果，竟在最后一行中见到了自己的名字，原来自己是以末名中举，顿时转忧为喜。至于一起来应试的乡人儿子的名字，则无论如何找不到，他肯定落选了。

孙山回到旅舍，把发榜的情况向乡人儿子说了。对方听说自己榜上无名，闷闷不乐，表示想再在省城多呆几天。孙山归心似箭，第二天一早就回乡了。

孙山回到家里，乡邻们得知他中举，都向他表示祝贺。那老人见儿子未回来，问孙山他是否榜上有名。孙山没有正面回答，而是诙谐地念了两句诗：“解名尽处是孙山，贤郎更在孙山外。”原来，当时中举后再去京城会试的，都由地方解送入试，所以乡试第一名称为解元，榜上的举人名字都称解名。这两句诗的意思是：举人的最后一名是我孙山，你儿子的大名还在我孙山之后呢，言下之意是他落选了。

那老人听到很有才气的孙山也只考了最后一名，感到他的儿子比孙山差远了，榜上无名是很自然的，便平心静气地走了。

摩肩接踵

【解释】

“摩肩接踵”这则成语的意思是肩擦着肩，脚跟碰着脚跟。形容拥挤的人群，成千上万。摩：擦。踵：脚后跟。

【出处】

这个成语来源于《晏子春秋·内篇杂下》：齐之临淄三百闾，张袂成阴，挥汗成雨，比肩继踵而在，何为无人？

【故事】

晏婴，字平仲，春秋时齐国人。他身材矮小，但才智出众，曾任齐国的相国。

有一年，晏婴奉命出使楚国。楚王存心侮辱晏婴，派人在城门边上挖了一个狗洞，要让晏婴从狗洞进城。晏婴来到楚国，发现了楚王的阴谋，站在狗洞前，看着周围看笑话的人群，故作惊讶地说："哎呀！今天我难道是到了狗国吗，不然，怎么这城没有城门而只有狗洞呢？"负责接待的官员听了，只得灰溜溜地引晏婴从城门进城。晏婴来到楚国的宫中，楚王居高临下，装模作样地问："齐国难道没人了吗？怎么派你这样一个人出使楚国呢？"晏婴听了，反驳说："我们齐国地广人众，光都城临淄就有成百条街道，几万户人家，人们张开衣袖就能遮住太阳，挥把汗水就像下雨一样，街上的行人摩肩接踵，怎么会没有人呢？"楚王听了，轻蔑地说："既然齐国人那么多，为什么不派一个比你强一点的人到楚国来呢？"晏婴也轻蔑地笑了一笑，回敬说："大王，你不知道，我们齐国在委派外交使臣时，有这么一条规矩：贤明的使臣就派他到贤明的国君那里去，无能的使臣就派他去见无能的国王。我在齐国是最无能的，所以就被派到楚国来见

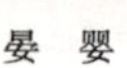
晏　婴

大王了！”楚王听了，无言以对。后来，他只好改变态度，隆重地接待了晏婴，并说：“圣人是不可以和他开玩笑的，我是自取其辱呀！”

南柯一梦

【解释】

“南柯一梦”这则成语的意思是在南面的大树（槐树）下作了一场享尽荣华富贵的美梦。后世以此比喻某人空欢喜一场。南柯：南面的大树枝。

【出处】

这个成语来源于唐·李公佐《南柯太守传》：写淳于棼醉后梦入大槐安国，官任南柯太守，二十年享尽荣华富贵，醒后发觉原是一梦，一切全属虚幻。

【故事】

相传唐代有个姓淳于名棼的人，嗜酒任性，不拘小节。一天适逢他生日，他便在门前大槐树下摆宴和朋友饮酒作乐，喝得烂醉，被友人扶到廊下小睡，迷迷糊糊仿佛有两个紫衣使者请他上车，马车朝大槐树下一个树洞驰去。但见洞中晴天丽日，另有世界。车行数十里，行人不绝于途，景色繁华，前方朱门悬着金匾，上书“大槐安国”，有丞相出门相迎，告知他国君愿将公主许配他，招他为驸马。淳于棼十分惶恐，不觉已成婚礼，与金枝公主结亲，并被委任“南柯郡太守”。

淳于棼到任后勤政爱民，把南柯郡治理得井井有条，前后二十年，上获君王器重，下得百姓拥戴。这时他已有五子二女，官位显赫，家庭美满，万分得意。

不料檀萝国突然入侵，淳于棼率兵拒敌，屡战屡败。这时，金枝公主又不幸病故。淳于棼连遭不测，便辞去太守职务，扶柩回京，从此失去国君宠信。他心中悒悒不乐，君王准他回故里探亲，仍由两名紫衣使者送行。

车出洞穴，家乡山川依旧。淳于棼返回家中，只见自己身子睡在廊下，不由吓了一跳，惊醒过来，却见眼前的仆人正在打扫院子，两位友人还在一旁洗脚，落日余晖还留在墙上，而梦中经历好像已经整整过了一辈子。

淳于棼把梦境告诉众人，大家感到十分惊奇，一齐寻到大槐树下，果然掘出个很大的蚂蚁洞，旁有孔道通向南枝，另有小蚁穴一个。梦中“南柯郡”、“槐安国”，其实原来如此！

南辕北辙

【解释】

“南辕北辙”这则成语的意思是车头朝南却要使车轮走过的痕迹往北。以此比喻行动与目的相反，结果离目标越来越远。辕：车杠。辙：车轮在路上留下的痕迹。

【出处】

这个成语来源于《战国策·魏策四》：今者臣来，见人于大行，方北面而持其驾，告臣曰："我欲之楚。"臣曰："君之楚，将奚为北面？"曰："吾马良。"臣曰："马虽良，此非楚之路也。"曰："吾用多。"臣曰："用虽多，此非楚之路也。"曰："吾御者善。"此数者愈善，而离楚愈远耳。

【故事】

战国后期，一度称雄天下的魏国国力渐衰，可是国君魏安釐王仍想出兵攻伐赵国。谋臣季梁本已奉命出使邻邦，听到这个消息，立刻半途折回，风尘仆仆赶来求见安釐王，劝阻伐赵。

季梁对安釐王说："今天我在太行道上，遇见一个人坐车朝北而行，但他告诉我要到楚国去。楚国在南方，我问他为什么去南方反而朝北走？那人说：'不要紧，我的马好，跑得快。'我提醒他，这跟马的好坏没关系，主要是朝北不是到楚国该走的方向。那人指着车上的大口袋说：'不要紧，我的路费多着呢。'我又给他指明，路费多也不济事，这样到不了楚国。那人还是说：'不要紧，我的马夫最会赶车。'这人真是糊涂到家了，他的方向不对，即使马跑得再快，路费带得再多，马夫再会赶车，又有什么用呢？这些条件越好，也只能使他离开目的地越远。”说到这儿，季梁把话头引上本题：“而今，大王要成就霸业，一举一动都要取信于天下，方能树立权威，众望所归；如果仗着自己国家大、兵力强，动不动进攻人家，这就不能建立威信，恰恰就像那个要去南方的人反而朝北走一样，只能离成就霸业的目标越来越远！”魏安釐王听了这一席话，深感季梁给他点明了重要的道理，便决心停止伐赵。

以上史事，形成成语“北辕适楚”，后来在流传过程中，人们习惯说作“南辕北辙”，并引申出另一个成语“背道而驰”，意义和“南辕北辙”相同。

鸟尽弓藏

【解释】

“鸟尽弓藏”这则成语的意思是鸟给打光了，打鸟的弹弓就被收藏起来。比喻事成之后，功臣被抛弃或遭迫害。

【出处】

这个成语来源于《史记·越王勾践世家》：蜚鸟尽，良弓藏；狡兔死，走狗烹。

【故事】

春秋末期，吴、越争霸，越国被吴国打败，屈服求和。越王勾践卧薪尝胆，任用大夫文种、范蠡整顿国政，十年生聚，十年教训，使国家转弱为强，最终击败了吴国，洗雪了国耻。吴王夫差兵败出逃，连续七次向越国求和，文种、范蠡坚持不允。夫差无奈，把一封信系在箭上射入范蠡营中，信上写道："兔子捉光了，捉兔的猎狗没有用处了，就被杀了煮肉吃；敌国灭掉了，为战胜敌人出谋献策的谋臣没有用处了，就被抛弃或铲除。两位大夫为什么不让吴国保存下来，替自己留点余地呢？"文种、范蠡还是拒绝议和，夫差只好拔剑自刎。越王勾践灭了吴国，在吴宫欢宴群臣时，发觉范蠡不知去向，第二天在太湖边上找到了范蠡的外衣，大家都以为范蠡投湖自杀了。可是过了不久，有人给文种送来一封信，上面写着："蜚鸟尽，良弓藏，狡兔死，走狗烹。意即：飞鸟打尽了，弹弓就被收藏起来；野兔捉光了，猎狗就被杀了煮来吃。越王为人，只可和他共患难，不宜与他同安乐。大夫至今不离他而去，不久难免有杀身之祸。"文种此时方知范蠡并未死去，而是隐居了起来。他虽然不尽相信信中所说的话，但从此常告病不去上朝，日久引起勾践疑忌。一天勾践登门探望文种，临别留下佩剑一把。文种见剑鞘上有"属镂"二字，正是当年吴王夫差逼忠良伍子胥自杀的那把剑。他明白勾践的用意，悔不该不听范蠡的劝告，只得引剑自尽。

怒发冲冠

【解释】

“怒发冲冠”这则成语的意思是愤怒得头发直竖，顶起帽子。比喻极度愤怒。冠：帽子。

【出处】

这个成语来源于《史记·廉颇蔺相如列传》：王授璧，相如因持璧却立，倚柱，怒发上冲冠……

【故事】

赵惠文王得到一块稀世的璧玉。这块璧是春秋时楚人卞和发现的，所以称为和氏璧。不料，这件事被秦昭王知道了，便企图仗势把和氏璧据为己有。于是他假意写信给赵王，表示愿用十五座城来换这块璧。

赵王怕秦王有诈，不想把和氏璧送去，但又怕他派兵来犯，同大臣们商量了半天，也没有个结果。再说，也找不到一个能随机应变的使者，到秦国去交涉这件事。

正在这时，有人向赵王推荐了蔺相如，说他有勇有谋，可以出使。赵王立即召见，并首先问他能否答应秦王的要求，用和氏璧交换十五座城池。蔺相如说：“秦国强，我们赵国弱，这件事不能不答应。”“秦王得到了和氏璧，却又不肯把十五座城给我，那怎么办？”“秦王已经许了愿，如赵国不答应，就理亏了；

而赵国如果把璧送给秦王，他却不肯交城，那就是秦王无理。两方面比较一下，宁可答应秦王的要求，让他承担不讲道理的责任。”就这样，蔺相如带了和氏璧出使秦国。秦王得知他来后，没有按照正式的礼仪在朝廷上接见他，而是非常傲慢地在一个临时居住的宫室里召见蔺相如。秦王接过璧后，非常高兴，看了又看，又递给左右大臣和姬妾们传看。

蔺相如见秦王如此轻蔑无礼，早已非常愤怒，现在又见他只管传看和氏璧，根本没有交付城池的意思，便上前道：“这璧上还有点小的毛病，请让我指给大王看。”蔺相如把璧拿到手后，马上退后几步，靠近柱子站住。他怒发冲冠，慷慨激昂地说：“赵王和大臣们商量后，都认为秦国贪得无厌，想用空话骗取和氏璧，因而本不打算把璧送给秦国；但听了我的意见，斋戒了五天，才派我送来。今天我到这里，大王没有在朝廷上接见我，拿到璧后竟又递给姬妾们传观，当面戏弄我，所以我把璧取了回来。大王如要威逼我，我情愿把自己的头与璧一起在柱子上撞个粉碎！”在这种情况下，秦王只得道歉，并答应斋戒五天后受璧。但蔺相如预料秦王不会交城，私下让人把璧送归赵国。秦王得知后，无可奈何，只好按照礼仪送蔺相如回国。

披荆斩棘

【解释】

“披荆斩棘”这则成语原或作“披荆棘”，比喻在开创事业中，扫除障碍，克服困难。后世多作“披荆斩棘”，以此比喻在创业过程中或前进道路上清除障碍，克服种种困难，开拓前进。披：拨开。荆、棘：泛指丛生长刺的小灌木。斩：砍断。

【出处】

这个成语来源于《后汉书·冯异传》：异朝京师，引见，帝谓公卿曰：“是吾起兵时主簿也。为吾披荆棘，定关中。”

【故事】

东汉王朝的建立者光武帝刘秀，起兵初期势力单薄，生活也非常艰苦，有些人因此离他而去。但曾任主簿的冯异却毫不动摇，坚持战斗，从不叫苦。

一次，刘秀带队伍路过饶阳的芜蒌亭（今属河北），又饥又冷，军士们都支撑不住。晚上，冯异设法煮了一大锅豆粥让大家吃，饥寒顿时消除。后来队伍来到南宫县，遇到大风雨，上上下下的衣服都被雨水淋湿，大家冻得直打哆嗦。就在众人难以忍受的时候，冯异又设法找来一些柴草，点起火让大家烤干衣服，暖和身体；又为大家煮了麦饭，填饱肚子。冯异在艰难处境中做的这两件事，给刘秀留下了难以忘怀的深刻记忆。

25 年，刘秀做了皇帝后，派冯异平定关中，冯异很好地完成了任务。当时有人向刘秀上书，劝他提防冯异权重谋反。刘秀不仅不信，反把所上的书送给冯异看，并要冯异不必疑心、害怕。

30 年，冯异从长安来到京城洛阳朝见光武帝。光武帝指着他向满朝公卿大臣说："他便是我起兵时的主簿，曾为我在创业的道路上披荆斩棘，又为我平定了关中之地！"朝见结束后，光武帝赐给冯异许多金银财宝，还写了一封信给他。信中说："我还时时记着当年将军在芜蒌亭端给我的豆粥，在南宫县递给我的麦饭。这些深情厚意，我至今还未报答呢！"

萍水相逢

【解释】

"萍水相逢"这则成语的意思是浮萍随水漂动，偶然聚集在一起。比喻素不相识的人偶然相遇。萍：在水面上浮生的一种蕨类植物。

【出处】

这个成语来源于唐·王勃《滕王阁序》：关山难越，谁悲失路之人？萍水相逢，尽是他乡之客。

【故事】

王勃字子安，是唐初著名的文学家。他少年时便很有才学，六岁时就能写文章，而且写得又快又好；十四岁时，已能即席赋诗。王勃与杨炯、卢照邻、骆宾王以文辞齐名，合称“初唐四杰”。他十五岁应举及第，曾经担任参军（将军府的重要幕僚），后因罪免官。

676 年，王勃去交趾（在今越南境内）探望做县令的父亲。途经洪都（今江西南昌）时，都督阎伯屿因重修的滕王阁落成，定于九月九日重阳节在那里宴请文人雅士和宾客朋友。他的女婿吴子章很有文才，阎伯屿叫他事先写好一篇序文，以便到时当众炫耀。王勃是当时有名文士，也在被请之列。

宴会上，阎伯屿故作姿态，请来宾为滕王阁作序。大家事先都无准备，所以都托辞不作。请到王勃时，他却并不推辞，当场挥毫疾书，一气呵成，写就了著名的《滕王阁序》。各宾客看了一致称好。阎伯屿读后也深为钦佩，认为这篇序文比自己女婿写的要高明得多，也就不再让吴子章出场著文了。

《滕王阁序》构思精绝，文气通顺畅达，而又纵横交错。序文在铺叙盛会胜景的同时，也流露出王勃壮志难酬的感慨：“关山难越，谁悲失路之人？萍水相逢，尽是他乡之客。”这几句的意思是：关山重重，难以攀越，有谁为失路的人悲哀？今天与会的人像萍浮水面，偶然相遇，都是他乡之客。表达了他生不逢时，慨叹自己命运不佳的心情。

不久，王勃离开洪都，前往交趾。不幸的是在渡海时遇难，死时才二十六岁。

破 釜 沉 舟

【解释】

“破釜沉舟”这则成语原作“济河焚舟”，渡过了河就把船烧毁。表示决一死战，有进无退。后世多作“破釜沉舟”，即砸破烧饭用的锅子，凿沉船只，比喻拚死一战。釜：锅。舟：船。

【出处】

这个成语来源于《史记·项羽本纪》：项羽乃悉引兵渡河，皆沉船，破釜甑，烧庐舍，持三日粮，以示士卒必死，无一还心。

【故事】

秦朝末年，秦二世派大将章邯攻打赵国。赵军不敌，退守巨鹿（今河北平乡西南），被秦军团团围住。楚怀王封宋义为上将军，项羽为副将，派他们率军去救援赵国。

不料，宋义把兵带到安阳（今山东曹县东南）后，接连四十六天停滞不进。项羽忍不住，一再要求他赶紧渡河北上，赶到巨鹿，与被围赵军来个里应外合。但宋义另有所谋，想让秦、赵两军打得精疲力竭再进兵，这样便于取胜。他严令军中，不听调遣的人，一律格杀勿论。与此同时，宋义又邀请宾客，大吃大喝，而士兵和百姓却忍饥挨饿。

项羽忍无可忍，进营帐杀了宋义，并声称他勾结齐国反楚，楚王下密令将他斩杀。将士们马上拥戴项羽代理上将军。项羽把杀宋义的事及原因报告了楚怀王，楚怀王只好正式任命他为上将军。

项羽杀宋义的事，震惊了楚国，并在各国有了威名。他随即派出两名将军，率两万军队先行渡河去救巨鹿。然后下令全军渡河救援赵军。

项羽在全军渡河之后，采取了一系列惊人的行动：把所有的船只凿沉，击破烧饭用的锅子，烧掉宿营的屋子，只携带三天干粮，以此表示决心死战，没有一点后退的打算。

这支有进无退的大军到了巨鹿外围，立即包围了秦军。经过九次激战，截断了秦军的补给线。负责围攻巨鹿的两名秦将，一名被活捉，另一名投火自焚。

在这之前，来援助赵国的各路诸侯虽然有几路军队在巨鹿附近，但都不敢与秦军交锋。楚军的拚死决战并取得胜利，大大地提高了项羽的声威。

从此，项羽率领的军队成了当时反秦力量中最强大的一支武装。项羽也成了当时农民起义军的著名领袖人物，并在不久和刘邦的起义军一起，推翻了秦朝的统治。

后来，“皆沉船，破釜甑”演化为成语“破釜沉舟”，用来比喻拚死一战，决心很大。

破镜重圆

【解释】

“破镜重圆”这则成语的意思是敲破的镜面又对合在一起，重新团圆。比喻夫妻离散或关系破裂后重新和好、团圆。破：敲破，破碎。镜：镜子。圆：团圆。

【出处】

这个成语来源于唐·孟棨《本事诗·情感》：陈太子舍人徐德言直引至其居，设食，具言其故，之妻，封乐昌公主。时陈政方乱，德言知不相保，乃破一镜，各执其半。及陈亡，德言出半镜以合之。

【故事】

南朝陈的太子舍人（太子亲近的属官）徐德言，娶皇帝陈叔宝的妹妹乐昌公主为妻。两人情投意合，非常恩爱。当时朝政腐败，徐德言预料到，有朝一日国家会遭受灭亡之祸，因此非常忧虑。

一天，他愁容满面地对妻子说：“天下大乱的事马上就会发生，到时我们夫妻将被拆散。但只要我们姻缘未尽，总会再次团圆。为此要先留下一件东西，作为将来重见的凭证。”乐昌公主同意丈夫的看法和建议。徐德言当即取来一面圆形的铜镜，把它一破为二，一块自己留下，一块交给妻子，嘱咐她好好保存，并对她说：“如果离散后，就在每年正月十五日那天，托人将这半面镜子送到市场上去叫卖。只要我还活着，我一定前去探听，以我的半面镜子为凭，与你团聚。”不久，已经统一中国北方的隋文帝杨坚，果然发兵攻进陈的都城建康（今江苏南京），陈国灭亡。灭陈有功的大臣杨素不仅加封为越国公，而且得到许多赏赐，其中包括乐昌公主。徐德言被迫逃亡。

后来，徐德言打听到妻子已到了隋的京都大兴（今陕西西安），便长途跋涉赶到那里，打听妻子的下落。每当夜深人静，取出半面镜子思念爱妻。乐昌公主虽然过着非常奢侈的生活，但内心一直惦念着丈夫，也经常抚摸那半面镜子，回忆往事。

乐昌公主

正月十五日终于来到了。徐德言到热闹的市场，看见一个老人以高价出卖半面铜镜，经察看，果然是妻子的那半块。原来他是杨府的仆人，受乐昌公主委托来卖镜找夫的。于是徐德言写了一首诗，交给仆人带回。诗写道：“镜与人俱去，镜归人未归。无复嫦娥影，空留明月辉。”意思是镜子与人都去了，但如今镜子归来而人却没有归来。正好比月中没有嫦娥的身影，只空留明月的光辉。

乐昌公主见到丈夫保存的半面铜镜和诗后，终日哭泣，茶饭不思。杨素知道实情后，备受感动，立即把徐德言叫来，叫他把乐昌公主带回江南去，还赐给他许多东西。

奇货可居

【解释】

“奇货可居”这则成语的意思是把这珍奇的货物囤积起来，等高价出售。指囤积、垄断、挟持某种东西或技艺，以备将来博取名利。比喻凭借某种优越条件为资本，谋取名利地位。奇货：珍奇的货物。居：存，囤积。

【出处】

这个成语来源于《史记·吕不韦列传》：子楚……居处困，不得意。吕不韦贾邯郸，见而怜之，曰：“此奇货可居。”

【故事】

卫国的大商人吕不韦到赵国的都城邯郸去做买卖，

碰到在那里做人质的秦国公子异人。他觉得异人是个稀有的“货物”，可以收买囤积起来，有朝一日换取名利。

回家后，吕不韦问父亲：“农民种田，一年能得几倍的利益？”“可得十倍的利益。”父亲回答说。“贩卖珠宝能得几倍的利益？”“可得几十倍的利益。”“要是拥立一个国君，能得几倍的利益？”“那就无法算得清楚了。”于是吕不韦说起秦国公子异人的事，并表示要设法把他弄到秦国去做国君，做个一本万利的大买卖。父亲非常赞成。

异人是秦昭王的孙子、太子安国君的儿子。安国君宠爱华阳夫人，而讨厌异人的母亲夏姬，因此异人被送到赵国当人质。吕不韦告诉异人，愿意为他回国出钱出力；一旦秦昭王去世、安国君即位，他就可以成为太子，将来继任国君。异人自然非常高兴，再三道谢，并表示一旦成为国君，就把秦国的一半土地封给吕不韦。

政治交易达成后，吕不韦带了大量财宝去秦国，托人向华阳夫人献上厚礼。华阳夫人马上召见吕不韦。吕不韦玩弄巧舌，说服没有生过儿子的她认异人为自己亲生儿子，并通过她要求安国君派人将异人接回秦国，改名子楚。

此后，华阳夫人一再在安国君面前说子楚的好话，并要求立他为太

【鱼藻图】轴 局部［元］佚名 中国台北故宫博物院藏 73－4

【鱼藻图】轴 局部 [元] 佚名 中国台北故宫博物院藏 73-4

子。安国君答应了，还让吕不韦当他的老师。

几年后，秦昭王去世，安国君做了国君，即秦孝文王。孝文王即位时年纪已经很大了，一年后就死去，于是子楚如愿以偿，继任国君，称为秦庄襄王。吕不韦是头号功臣，当上了丞相，享受十万户的租税，果然有了丰厚的回报。

杞人忧天

【解释】

“杞人忧天”这则成语的意思是杞国有人担忧天塌下来，比喻缺乏根据和不必要的忧虑。忧：担忧。

【出处】

这个成语来源于《列子·天瑞篇》：杞国有人忧天地崩坠，身亡所寄，废寝食者。

【故事】

周朝有位名叫列御寇的学者，他写了一本名叫《列子》的书，里面有一则很有名的寓言故事：从前，杞国有一个人，胆子很小，而且还有点神经质，他常常会想到一些奇怪的问题，让人感到莫名其妙。

一天，他吃过晚饭后，拿了一把大蒲扇，坐在门前乘凉，并且自言自语地说：“假如有一天，天塌了下来，

那该怎么办呢？我们岂不是无路可逃，将被活活压死吗？这岂不是太冤枉了吗？”从此以后，他几乎每天都在为这个问题发愁、烦恼。他越想越觉得危险，越想越觉得天塌下来的可怕，结果日子一久，他连饭也吃不下，觉也睡不着，一天天消瘦下去。

朋友们见他终日精神恍惚，脸色憔悴，都很替他担心。但是，当大家知道原因后，都跑来劝他说：“老兄呀，你何必为这种事自寻烦恼呢？自古以来，就没有发生过这样的事，天哪里会那么容易地塌下来呢？再说，即使天真的塌下来了，那也不是你一个人忧虑发愁就能解决的呀，想开点吧！”可是，无论人家怎么说，他都不相信，仍然时常为这一个不必要的问题而担忧；他一会儿忧虑天空会崩塌，一会儿又担心太阳和月亮会掉下来。

但是，日子一年一年的过去了，天不仅没有塌下来，连日月星辰也都好好的，没什么变化，而这个杞国人却始终在为这个问题担忧，据说，他在临死之前，仍然一直担心天会塌下来呢！

千载难逢

【解释】

“千载难逢”这则成语的意思原指一千年才遇到这一次。形容机会十分可贵。又作“千载一逢”，后世多作“千载难逢”，意思是千年也难得碰到一次。形容机会极其难得。载：年。逢：遇。又作“千载一遇”。

【出处】

这个成语来源于《韩昌黎全集·潮州刺史谢上表》：当此之际，所谓千载一时不可逢之嘉会。

【故事】

唐代著名的文学家韩愈，小时候就成为孤儿，由他的嫂子抚养。他刻苦自学，年轻时代就博览群书，在学问方面打下了坚实的基础。三十五岁到京城，担任国子监博士（中央最高教育机构的教师），后来又被提升为刑部侍郎（中央司法部门的副长官）。

当时佛教盛行，连唐宪宗也很崇尚佛教。他听说法门寺里安放着一块佛祖释迦牟尼的遗骨，便准备兴师动众，把它迎进宫里礼拜。韩愈对此很反感，写了一篇《谏迎佛骨表》加以反对。其中提到，佛教传入中国后，帝王在位时间都不长；想拜佛求保佑的，结局必然是悲惨的。

唐宪宗看了这表，十分恼怒，以为韩愈不只是故意与自己作对，而且用历史来影射自己活不长。为此，要将韩愈处死，亏得宰相为他说情，才改为贬职，到潮州任刺史。

唐朝中期，中央统治权力日益削弱。宪宗执政后，改革了一些前朝的弊政，因此中央政权的统治有所加强。被贬到潮州的韩愈，针对这一情况，再次给宪宗上了《潮州刺史谢上表》，极力为宪宗歌功颂德，以便重新得到信任，回到朝廷工作。

在这道表中，韩愈恭维宪宗是扭转乾坤的中兴之主，并且建议宪宗到泰山去“封禅”。封禅，是一种祭祀天地的大典。古人认为五岳（五大名山）中泰山最高，登到山顶筑坛祭天称“封”，在山南梁父山上辟基祭地叫“禅”。历史上有名的秦始皇和汉武帝，都曾举行过这种大典。韩愈这样建议，是把宪宗当做有杰出贡献的帝王。

韩愈还在这道表中隐约地表示，希望宪宗也让他参加封禅的盛会，并说如果他不能参加这个千年难逢的盛会，将会引为终身的遗憾。

后来，宪宗把他调回京都，让他担任吏部侍郎（掌握全国官吏升降、调动等的机构的副长官）。

黔驴技穷

【解释】

“黔驴技穷”这则成语的意思原指黔驴的本领十分有限，尽管它已使出了自己的全部本领，但却仍然敌不过老虎，最后被虎吃掉。后来以此比喻有限的一点儿本领即使用尽了也不管用。黔：地名，今贵州一带。技：技能，本领。穷：尽，完了。

【出处】

这个成语来源于柳宗元《三戒·黔之驴》，驴不胜怒，蹄之。虎因喜，计之曰：“技止此耳！”

【故事】

从前，贵州一带没有驴子，有个好奇的人就用船运来了一头毛驴。因为不知派它什么用场，便把它放牧在山脚下。

山里的老虎发现了这头毛驴，觉得它看上去很高大，不知道它有些什么本领，不敢靠近它，只是远远地躲在树林里，偷偷地观察它的动静。

过了一些时间，老虎放大了胆子，走出树林，一点一点地靠近毛驴，再仔细地瞧瞧它，但仍然不知道它究竟是有什么本领。

一天，毛驴突然大叫一声，把老虎吓了一大跳，以为它要来吃自己，急忙逃得远远的。可是，结果并非如此。过了几天，老虎又靠近毛驴，发现它并没有什么特别的本领，对它的叫声也听惯了。于是，向毛驴靠得更近些，在它面前转来转去，结果还是平安无事。

后来，老虎靠毛驴更近了，甚至碰撞毛驴的身子，故意冒犯它。毛驴终于被激怒了，用蹄子去踢老虎。

这一来，老虎反而高兴起来了。它估计驴的技能就这么一点儿，没有什么可怕的，便大吼一声，猛扑上去，咬断了毛驴的喉管，美美地饱餐一顿，高高兴兴地离去。

强弩之末

【解释】

“强弩之末”这则成语的意思是强弩所发的箭，飞行已达末程也没什么功用。比喻强大的力量已经衰竭，不能起作用。弩：古代用机械发箭的弓。

【出处】

这个成语来源于《史记·韩长孺列传》：且强弩之极，矢不能穿鲁缟；冲风之末，力不能漂鸿毛。非初不劲，末力衰也。

【故事】

西汉时，有一位叫韩安国的人，他本来是梁王刘武的中大夫，在平定“吴楚七国之乱”时曾屡立军功，后来因为触犯国法，被革去职务，就赋闲在家，过着栽花养鸟不问世事的隐士生活。

直到汉武帝做了皇帝，任用田蚡作太尉，他就去贿赂田蚡，请他保举自己。汉武帝知道韩安国很有才能，便派他担任北地都尉的职务，不久又升迁为大司农。

后来，由于韩安国平定战乱有功，汉武帝又让他作了御史大夫。这时，汉朝和匈奴时而交战，时而议和。一次，匈奴方面突然派了一位使者来议和，武帝一时之间也难以决定，便召集满朝文武官员，共同来讨论这件事。有个叫王恢的大臣，过去曾在边疆做过几年官，对于匈奴的情况相当了解，他认为凭汉朝的军事实力，一定能扫平匈奴，因此他反对和匈奴议和，而且建议汉武帝立即采取行动，发兵到边疆去征伐匈奴。在场的官员听了，大都保持沉默，只有韩安国站出来大声反对说：“现在匈奴的兵力日益壮大，而且又神出鬼没，流窜不定，如果我们要出兵千里去围剿他，那不但很难成功，而且会给匈奴以逸待劳、得以致胜的机会。这情形就像是射出的箭矢飞行到最后没有力量的时候，连最薄的绸缎也无法穿破；狂风的尾巴，连很轻的羽毛也无法吹动一样。我们现在如果发兵征伐匈奴，实在是不智之举。依我的看法，倒不如和他们缔约谈和。”

大家都觉得他的见解很有道理，汉武帝便采纳了韩安国的意见，同意和匈奴议和。于是，一场可能发生的战争，就此冰消瓦解。

巧取豪夺

【解释】

“巧取豪夺”这则成语原单用“豪夺”，形容用强力夺取。又作“巧偷豪夺”，以假乱真地偷换或一味纠缠地夺取（他人收藏的珍品）。后世多作“巧取豪夺”，比喻用卑鄙的欺诈的手段占有别人的财物或权利。

【出处】

这个成语来源于宋·周辉《清波杂志》：巧偷豪夺，故所得为多。

【故事】

宋朝有位著名的书画家名叫米芾（fú），他有个嗜好，就是专爱收藏名人字画，为此，他不惜采用欺骗的手段来满足自己的私欲。平日，只要听说谁家有名人字画，他就千方百计把它借来，说是观赏，其实是临摹。他可以临摹得和原作一模一样，以假乱真，然后把临摹的作品还给人家，自己留下真迹。有时他甚至把原作和临摹品同时给原主挑选，原主还往往上当，误选了他的临摹品。有一次米芾在船上遇见了蔡攸，蔡攸拿出晋代书法家王羲之的真迹请他欣赏。他一看就不肯放手，一定要用一幅画同蔡攸交换。蔡攸不同意，他就苦苦哀求，纠缠不休，最后竟以投河自杀相要挟。蔡攸无奈，只得同意交换。类似这样的事情很多。当时的人便把米芾这种伎俩，叫做“巧取豪夺”。

锲而不舍

【解释】

“锲而不舍”这则成语的意思是雕琢一件器物，一直不停地镂刻，比喻持之以恒，坚持不懈。锲：镂刻。舍：停止。

【出处】

这个成语来源于《荀子·劝学》：锲而舍之，朽木不折；锲而不舍，金石可镂。

【故事】

荀子名况，战国末期赵国人，是我国古代著名的哲学家。他反对天命，不信鬼神，认为大自然的运行是有

荀 子

它的规律的，人的力量可以制服天；并主张因地制宜，使天时为农业服务，发挥人的才能，促使万物生长变化。这些见解在当时是非常进步的。

荀子又是一位有名的教育家。他写过一篇名叫《劝学》的文章，运用许多确切的比喻，来劝导人们坚持不懈地认真学习。其中许多议论精辟透彻，富有启发性。

文章一开始就写道，人接受教育、寻求学问，是不可废弃的，靛（diàn）青这种染料是在蓝草中提炼出来的，但它的颜色却比蓝草更深。这是他用来比喻学生胜过老师，或者后人胜过前人。这就是所谓“青出于蓝，而胜于蓝”。

荀子又用镂金石来比喻学习要持之以恒，坚持不懈。他写道，刻一下就停下手来，烂木头也刻不断；不停地刻下去，即使是坚硬的金属和石头，也可以把它们刻穿。所以人们要用“锲而不舍”的精神来学习，这样就一定能取得成功。

荀子在《劝学》篇中还写道：“不积跬（kuǐ）步，无以至千里；不积小流，无以成江海。”意思是不一步一步地走，不会到千里之远；不是一条一条小河的水汇合起来，不会成为江海。它用来比喻学习是一个由少到多、日积月累的过程；高深的学问和渊博的知识，是一点一滴积累起来的。他的这些见解，现今还常被人们所引用。

秦晋之好

【解释】

“秦晋之好”这则成语的意思原作“秦晋之匹”，指两姓相匹敌的联姻。春秋时，秦、晋两国的君主好几代通婚，故有此称。后世多作“秦晋之好”，表示秦、晋两国几代国君通婚，后将两姓联姻称为“秦晋”或“秦晋之好”。

【出处】

这个成语来源于《左传·僖公二十三年》：（怀嬴）奉匜（yí）沃盥（guàn），既而挥之。怒曰：“秦、晋匹也，何以卑我？”

【故事】

春秋初期，晋国吞并了附近一些小国，成为一个大的诸侯国。为了加强与邻近实力相当的秦国的友好关系，晋献公把自己的大女儿嫁给了秦穆公，历史上称她为秦穆夫人。

年老的晋献公非常宠爱妃子骊姬。听了她的谗言，竟逼死太子申生。骊姬还准备陷害公子夷吾和重耳，以便自己的儿子奚齐将来继任国君。夷吾和重耳只好逃离晋国。

公元前651年，晋献公去世，骊姬如愿以偿，儿子奚齐被立为国君。但不久就被忠于夷吾的两个大夫杀死。他们随即派人去迎接流亡在梁国的夷吾回晋国继位。

夷吾生怕回国后控制不住局势，便请秦穆公派兵护送并支持他，并允诺割五座城池给秦国作为报答。但他继位（史称晋惠公）后食言，使秦穆公非常恼火。过了四年，晋国发生饥荒，向秦国求援，秦穆公不计旧恨，还是运送许多粮食到晋国去，帮助晋国度过了饥荒。可是次年秦国发生了饥荒，晋惠公却不肯支援秦国粮食。过了一年，秦穆公率军攻伐晋国，活捉了惠公。后在秦穆夫人的帮助下，秦穆公不仅宽恕了惠公，而且与他缔结了盟约。

惠公经过这次劫难后，加强了对秦国的友好关系，把太子子圉（yǔ）送到秦国去当人质，秦穆公也将宗女怀嬴嫁给子圉。不料，子圉后来背着秦穆公逃回晋国。次年惠公死了，子圉继位当了国君，即晋怀公。怀公生性刻薄，乱杀老臣，引起朝中百官对他的强烈不满。

在各诸侯国流亡了十九年之久的晋公子重耳，最后来到了秦国。他才华出众，为人忠厚，秦穆公很欣赏他，把五个宗女嫁给他，其中一个即是怀嬴。一天，怀嬴捧着水盆给重耳浇水洗手。重耳洗完后，很轻视地挥手叫她走开。怀嬴生气说："秦国与晋国是对等的国家，你为什么欺侮我？"重耳知道自己做错了，马上向她认错。后来，秦穆公派军队护送重耳回晋国去，重耳派人刺杀了怀公，群臣都拥戴他当国君。之后，他让太子也娶秦国的宗女做夫人，从而父子两代都和秦国联姻，结成了“秦晋之好”。

倾国倾城

【解释】

“倾国倾城”这则成语又作“倾城倾国”。形容女子的容貌特别漂亮。倾：使……倾倒。

【出处】

这个成语来源于《汉书·孝武李夫人传》：北方有佳人，绝世而独立。一顾倾人城，再顾倾人国。

【故事】

秦朝的音乐官署，称为乐府。汉朝也是如此。到汉武帝时，乐府的规模已很大，掌管朝会宴请、道路游行时所用的音乐，同时收集民间的诗歌和乐曲。当时有位名叫李延年的宫廷乐师，他父母兄弟都当乐工，妹妹也是一位歌伎。

李延年很受武帝赏识，经常在武帝面前载歌载舞。有一次，他动情地唱道：“北方有佳人，绝世而独立。一顾倾人城，再顾倾人国。宁不知倾城与倾国，佳人难再得。”歌词的意思是，北方有个非常漂亮的姑娘，她是绝代佳人，全城、全国的人看了她，都为之倾倒。这种倾城倾国的美人再也难见到了。

汉武帝听了很感兴趣地问李延年："难道世上真有这样的绝代佳人？"李延年还未回答，武帝的姐姐平阳公主笑着说道："有这样的佳人啊，她就是李乐师的妹妹呀！"武帝立即传令，把这位佳人带进宫来。一看，其美貌果然举世无双，于是将她留在身边，称为李夫人。李夫人不仅漂亮，而且能歌善舞，很受武帝宠爱。

不幸的是，李夫人在武帝身边的时间不长，就患了绝症去世。武帝非常悲痛，把她的画像悬挂在宫里，以示怀念。

请君入瓮

【解释】

"请君入瓮"这则成语的意思是比喻以其人之道，还治其人之身。君：您。瓮：一种瓦器。

【出处】

这个成语来源于《资治通鉴·唐纪》：俊臣乃索大瓮，火围如兴法，因起谓兴曰："有内状推兄，请兄入此瓮。"兴惶恐叩头伏罪。

【故事】

武则天是中国历史上惟一的一位女皇帝，她为了维护自己的统治，采取高压的恐怖政策，并且奖励告密。假如告密者所举发的事是真的，武则天就给他升官晋级；如果是诬告，也不会受到处分。因此，告密的人与日俱增。

也正因为武则天采取这种政策，所以他手下的一些酷吏，便想尽办法诬陷政敌，并不断改进刑具来逼迫人犯认罪。这些酷吏中，最有名的要数周兴和来俊臣了。然而，武则天对这些酷吏也不过是加以利用，当他们没有利用价值时，便也劫数难逃。

武则天

有一次，酷吏周兴被人密告伙同他人要谋反，武则天便派来俊臣去审理这件案子，并且定下期限要得到结果。来俊臣一向和周兴关系不错，感到很棘手，他苦苦思索，终于想出一个办法。

一天，来俊臣故意请周兴来他衙中聊天，说：“唉！最近审问犯人老是没有结果，不知老兄可有什么新的绝招？”周兴一向对刑具很有研究，时常研究出一些稀奇古怪的酷刑来逼供。这一次他也没想到来俊臣是冲着自己来的，便很得意地告诉来俊臣说：“我最近发明了一种新方法，你只要准备一个大瓮，四周放满烧红的炭火，再把犯人放进去，无论他们多么狡猾，也受不了这个滋味，一定会招认的。”来俊臣听了，便吩咐手下人去抬来一个大瓮，照着刚才周兴所说的方法，生上火，等大瓮已经被炭火烧得通红以后，他便站起身，突然把脸一板，阴鸷地对周兴说：“有人告你谋反，现在朝廷命我来审问你，如果你不老老实实招认的话，那么我只好请你进这个大瓮了！”周兴听了大惊失色，知道这次自己绝对无法抵赖，只好俯首认罪。

罄竹难书

【解释】

“罄竹难书”这则成语的意思是砍尽竹林制成竹简，也难写完。比喻罪恶太多，无法写完。罄：空，尽。竹：指竹简。书：写。

【出处】

这个成语来源于《旧唐书·李密传》：罄南山之竹，书罪未穷；决东海之波，流毒难尽。

【故事】

隋朝末年，炀帝杨广实行残暴统治，荒淫奢侈，大兴土木；又连年对外用兵，使百姓无法活下去，迫使他们揭竿而起，掀起农民起义。

在众多的农民起义军中，有一支是翟让领导的义军。它以瓦岗寨（今河南滑县南）为根据地，称为瓦岗军。起义军中有许多是渔猎手，勇敢善战。翟让骁勇而有胆略，队伍很快发展到万余人。

早在炀帝大业九年（613 年），楚国公杨玄感就乘农民起义纷起的时候，起兵反隋，但不久即败死。他的手下李密，在失败后被捕，但在押送途中逃脱。大业十二年，李密投奔瓦岗起义军，游说翟让联合附近各起义军，取得对隋军的作战胜利，从而取得了翟让的信任。次年，李密取得了全军的领导权，称魏公。

李密取得大权后，为了进一步联合各路起义军，以及吸引隋朝的文武官员来投奔他，便在进攻隋都洛阳的时候，发布了一篇讨伐炀帝的檄文，号召各方人士推翻隋朝的统治。檄文在历数炀帝残暴统治、祸国殃民的十大罪状之后写道："用尽南山所有的竹子制成竹简，也写不完杨广的罪过；决出东海的水，也冲洗不清他的罪恶。"翟让后被李密所杀，这对瓦岗军起了严重的破坏作用。大业十四年，炀帝在江都（今江苏扬州）被禁军将领宇文化及等缢杀。同年，李密入关降唐，但不久因反唐而被杀。

如火如荼

【解释】

"如火如荼"这则成语的意思原作"如荼如火"，形容军容盛大。后世多作"如火如荼"，形容像火一样红，像茅草的白花一样白，形容军容的盛大。现在常用来比喻气势旺盛。荼：古代指茅草的白花。

【出处】

这个成语来源于《国语·吴语》：万人以为方阵，皆白裳、白旗、素甲、白羽之矰，望之如荼……左军亦如之，皆赤裳、赤旗、丹甲、朱羽之矰，望之如火。

【故事】

春秋时代后期，吴国国力逐渐强盛，吴王夫差想当中原霸主，于公元前482年，带领大军来到卫国的黄池（今河南封丘西南），约天下诸侯前来会盟，要大家推他为盟长。为了显示实力，夫差在一夜之间把带来的三万军队分成左、中、右三路，每路百行，每行百人，各摆成一个方阵，他亲自高举斧钺，以熊虎为旗号，指挥中军前进。中军全体将士，全都身穿白色战袍，披上白色铠甲，打着白色旗帜，插起白色箭翎，远远望去，好像遍野盛开的一片白花；左军一万将士，一律身穿红色战袍，披上红色铠甲，打着红色旗帜，插起红色箭翎，望去好像一片熊熊烈火；右军则全用黑色，犹如一片乌云。三路大军，开到会盟地点附近，摆开阵势。天刚蒙蒙亮，吴王夫差亲自鸣金击鼓发令，三万人一齐大声呐喊，那声音简直像天崩地裂一般，惊动了到会的各路诸侯。

吴军军容如此盛大，军威如此整肃，各国诸侯都不敢和夫差相争，不得不承认吴国为盟主。黄池之会，就在吴王夫差显示如火如荼的盛大军容后，取得成功。

如鱼得水

【解释】

“如鱼得水”这则成语的意思原指像鱼处于水源丰美的环境之中，生活才有依归。后来用“如鱼得水”形容就如鱼儿得到了水一样，比喻得到了与自己情投意合的人或很适合于自己的环境。

【出处】

这个成语来源于《三国志·蜀书·诸葛亮传》：于是与亮情好日密。关羽、张飞等不悦。先主解之曰：“孤之有孔明，犹鱼之有水也。愿诸君勿复言。”羽、飞乃止。

【故事】

诸葛亮，字孔明，阳都（在今山东）人。刘备，字玄德，涿县（在今河北）人。东汉末年，天下大乱，豪杰纷起，群雄争霸，刘备为实现自己争雄天下的宏愿，多方搜罗人才，特意拜访隐居在隆中卧龙岗的诸葛亮，请他出山。他连去了两次都未能见着，第三次去，才见了面。刘备说明来意，畅谈了自己的宏图大志，诸葛亮推心置腹，提出了夺取荆州、益州，与西南少数民族和好，东联孙权，北伐曹操的战略方针，预言天下今后必将成为蜀、魏、吴三足鼎立的局面。刘备听后大喜，于是拜孔明为军师。

孔明竭力地辅佐刘备，而刘备对孔明的信任和重用，却引起了关羽、张飞等将领的不悦。他们不时地在刘备面前表现出不满的神色，秉性耿直的张飞，更是满腹牢骚。刘备耐心地作了解释，他形象地把自己比做鱼，把孔明比做水，以此说明孔明对自己完成夺取天下大业之重要。他说："我刘备有了孔明，就好像鱼儿得到了水一样，希望大家不要再多说了。"此后，刘备在孔明的辅佐下，占荆州，取益州，军事上节节胜利，势力不断扩大，最终与魏、吴形成了三足鼎立之势。

孺子可教

【解释】

"孺子可教"这则成语的意思是这个小孩子是可以教诲的，后形容年轻人有出息，可以教育，值得培养。孺子：小孩子。教：教诲。

【出处】

这个成语来源于《史记·留侯世家》：父去里所，复还，曰："孺子可教矣。后五日平明，与我会此。"

【故事】

张良，字子房。他原是韩国的公子，姓姬，后来因为行刺秦始皇未遂，逃到下邳隐匿，才改名为张良。

张 良

有一天，张良来到下邳附近的圯桥上散步，在桥上遇到一个穿褐色衣服的老人。那老人故意将一只鞋掉在桥下，看到张良走来，便叫道：“喂！ 小伙子！ 你替我去把鞋捡起来！”张良心中很不痛快，但他看到对方年纪很老，便下桥把鞋捡了起来。那老人见了，又对张良说：“来！ 给我穿上！”张良很不高兴，但转念想到鞋都拾起来了，又何必计较，便恭敬地替老人穿上鞋。老人站起身，一句感谢的话也没说，转身走了。

张良愣愣地望着老人的背影，猜不透这老人的来历。直望着那老人走了一里多路。却忽然又返身回来，说：“你这小伙子很有出息，值得我指教。五天后的早上，请到桥上来见我。”张良听了，连忙答应。

第五天早上，张良早早赶到桥上。老人却已先到了，生气地说：“跟老人约会，应该早点来。再过五天，早些来见我！”又过了五天，张良起了个早，赶到桥上，不料老人又先到了，老人说：“你又比我晚到，过五天再来。”又过了五天，张良下决心这次一定比老人早到，于是他刚过半夜就摸黑来到桥上等候。天蒙蒙亮时，他看到老人一步一挪地走上桥来，赶忙上前搀扶。老人这才高兴地说：“小伙子，你这样就对啦！”老人说着，拿出一部《太公兵法》交给张良，说：“你要下苦功钻研这部书。钻研透了，以后可以做帝王的老师。”张良对老人表示感谢，老人扬长而去。后来，张良研读《太公兵法》很有成效，成了汉高祖刘邦手下的重要谋士，为刘邦建立汉朝立下了汗马功劳。

入木三分

【解释】

“入木三分”这则成语的意思原指笔力深入木板三分。形容书法笔力强劲，也比喻见解、议论十分深刻、恰当。

【出处】

这个成语来源于唐·张怀瓘《书断·王羲之》：晋帝祭北郊，王羲之书祝版，工人削之，笔入木三分。

【故事】

王羲之，字逸少，晋朝时会稽（今浙江绍兴）人。他是我国历史上最有名的书法家，因为他曾经做过右军将军，所以后人又称他为王右军。

王羲之的书法，可以称得上冠绝古今，他的字秀丽中透着苍劲，柔和中带着刚强，后代的许多书法家，没有一个能比得上他的。所以，学习书法的人很多都以他的字作范本。现今在他留下来的书帖中最著名的有《兰亭集序》《黄庭经》等。

王羲之的字写得这样好，固然与他的天资有关系，但最重要的还是由于他的刻苦练习。他为了把字练好，无论休息还是走路，心里总是想着字体的结构，揣摹着字的架子和气势，而且不停地用手指头在衣襟上划着，所以时间久了，连身上的衣服也划破了。

他曾经在池塘边练习写字，每次写完，就在池塘里洗涤笔砚。时间一久，整个池塘的水都变黑了。由此我们可以知道，他在练习书法上所下功夫之深了。

据说他很爱鹅，平时常常望着在河里戏水的鹅发呆，后来竟然从鹅的动作中领悟出运笔的原理，而对他的书法技艺大有裨益。

有一次，他到一个道观去玩，看到一群鹅非常可爱，便要求道士卖给他。观里的道士早就钦慕他的书法，便请他写部《黄庭经》作为交换。王羲之实在太喜欢那些鹅了，便同意了。于是王羲之给观里写了部《黄庭经》，道士便把那些鹅都送给了他。

还有一次，当时的皇帝要到北郊去祭祀，让王羲之把祝辞写在一块木板上，再派工人雕刻。雕刻的工人在雕刻时非常惊奇，王羲之写的字，笔力竟然渗入木头三分多。他赞叹地说："右军将军的字，真是入木三分呀！"

塞翁失马

【解释】

“塞翁失马”这则成语的意思是比喻看起来遭到暂时的损失，但可能因此而得到好处。也指世事多变，坏事可以变成好事。塞：边疆险要之处。翁：老头儿。

【出处】

这个成语来源于《淮南子·人间训》：近塞上之人有善术者，马无故亡而入胡。人皆吊之。其父曰：“此何遽不为福乎？”

【故事】

从前，在西北某个要塞附近，住着一个老翁。一天，他儿子的一匹马忽然逃到塞外去了，无法去寻找，附近的人知道后，都来安慰他，劝他别懊丧得闹出病来。

可是，老翁却毫不在乎地对大家说：“丢失了一匹马，怎么知道不是一件好事呢？”大家对他这话的意思不理解，也不便询问，只好离去。过了几个月，丢失的马忽然回来，并且带来一匹高大的骏马。附近的人知道了，纷纷来庆贺，

并认为老翁先前讲的话很有道理。

不料，老翁对此并不感到高兴，反而冷冷地说："逃失的马回来了，还带来一匹骏马，但怎么知道这不会成为一件坏事呢？"

大家听了，心里又都纳起闷来：这老翁太怪了，明明是件好事，怎么又去想到坏事呢？

果然如老翁所言。儿子很喜爱那匹骏马，经常去骑它。不料一次从马上摔下，跌折了脚骨。附近的人都上门去慰问。想不到老翁又说了那样的话："跌折了脚骨，又怎么知道不会成为一件好事呢？"果然，一年后，塞外的匈奴兴兵入侵。老翁家附近的青壮年都应征入伍去作战，结果大多战死，而老翁的儿子因为脚跛，未能应征入伍，从而保全了性命。

三顾茅庐

【解释】

"三顾茅庐"这则成语的意思原指东汉末年，诸葛亮隐居在隆中（今湖北襄阳附近），刘备为了请他出来运筹划策，接连到他居住的草舍拜访了三次，最后一次才见到。后来用"三顾茅庐"比喻诚心诚意去邀请或多次专程访问。顾：拜访。

【出处】

这个成语来源于三国蜀汉·诸葛亮《出师表》：先帝不以臣卑鄙，猥自枉屈，三顾臣于草庐之中。

【故事】

东汉末年，刘备攻打曹操失败，投奔荆州刘表，一时失意。为了日后成就大业，他留心访求人才，请荆州名士司马徽推荐。司马徽说："此地有'伏龙'、'凤雏'，二人得一，可安天下。"刘备多方打听，得知"伏龙"就是诸葛亮，此人隐居在襄阳城西二十里的隆中，住茅庐草棚，耕作自养，精研史书，是个杰出人才，便专程到隆中去拜访。

他前后一共去了三次，头两次诸葛亮避而不见，第三次才亲自出迎，就在茅庐中和刘备共同探讨时局，分析形势，设计如何建立政权三分天下的方略。刘备大为叹服，请他出山相助，重兴汉室。诸葛亮深为刘备"三顾茅庐"的诚意所打动，答应了刘备的请求，离开隆中一展自己的政治抱负。此后，诸葛亮成为刘备的军师，帮助刘备东联孙吴，北伐曹魏，占据荆、益两州，北向中原，建立蜀汉政权，形成与东吴、曹魏三国鼎立的局面。

刘备去世后，诸葛亮继续出兵伐魏。他在向后主刘禅（阿斗）上的一道奏表中写道："先帝不嫌臣卑微鄙陋，屈尊枉驾，前后三次亲自登门，访臣于草庐之中……”流露出对刘备给予的知遇之恩念念不忘，感情真挚动人。

三人成虎

【解释】

“三人成虎”这则成语原指三个人传言市上有虎，就会使人信以为真。比喻谣言或讹传一再重复出现，便可能使听者信以为真，足以惑乱听闻。

【出处】

这个成语来源于《战国策·魏策二》：庞葱曰：“夫市之无虎明矣，然而三人言而成虎。”

【故事】

魏国的太子将到赵国都城邯郸去当人质，魏王决定派大臣庞葱陪同前往。

庞葱一直受到魏王信用，怕去赵国后有人背后说他的坏话，魏王不再信任他。为此，临行时特地到王宫里对魏王说：“大王，如果有人向您禀报说，街市上有老虎，您相信不相信？”魏王立刻回答说：“我当然不相信。”庞葱接着问：“如果第二个人也向您禀报说，街市上有老虎，您相信不相信？”魏王迟疑了一下说：“我将信将疑。”庞葱紧接着问：“要是第三个人也向您报告说，街市上有老虎，您相信不相信？”魏王一边点头，一边说："我相信了。"庞葱分析说："街市上本来没有老虎，这是明摆着的事。但三个人都说那里有虎，便成为有虎了。如今我陪太子去邯郸，那里离开我们魏国的都城大梁，比王宫离街市要远得多，再说背后议论我不是的，恐怕也不止三个人。希望大王今后对这些议论加以考察，不要轻易相信。"魏王很勉强地说："我明白你的意思了，你放心陪公子去吧！"庞葱去赵国不久，果然有人在魏王面前说他坏话。开始魏王不信，后来说他坏话的人多了，魏王竟然相信了。庞葱从邯郸回来后，便果真失去了魏王的信任，再也没被魏王召见。

手不释卷

【解释】

"手不释卷"这则成语的意思是手中的书不肯放下来，比喻抓紧时间勤学，或看书入了迷。卷：指书。

【出处】

这个成语来源于《三国志·吴志·吕蒙传》注引《江表传》：光武（刘秀）当兵马之务，手不释卷。

【故事】

三国时代，东吴有一员大将，名叫吕蒙，字子明。年轻时，家境贫困，无法读书。从军后，虽作战骁勇，常立战功，却苦于缺少文化，不能把战例经验总结写下来。

有一天，吴主孙权对吕蒙说：“你现在是一员大将，掌权管事，更应该好好地读一些书，增长自己的才干。”吕蒙一听主公要他学习，便为难地推托说：“军队里的事情又多又杂，都要我亲自过问，恐怕挤不出时间来读书啊！”孙权说：“你的事情总没有我多吧？我并不是要你去研究学问，当专家，而只是要你翻阅一些古书，从中得到一些启发罢了。我年轻时就读过许多书，掌权以来又读了许多史书和兵书，得到的帮助真是太大了。你很聪明，更应该读些书。”吕蒙问：“可我不知道应该去读些什么书？”孙权听了，微笑着说：“你可以先读些《孙子》《六韬》等兵法书，再读些《左传》《史记》等历史书，这些书对于以后带兵打仗很有好处。”停了停，孙权又说：“时间嘛，要自己去挤出来。从前汉光武帝在行军作战的紧张关头，手里还总是拿着一本书不肯放下来呢！你们年轻人更应该勉励自己多读点书。”吕蒙听了孙权的话，回去便开始读书学习，坚持不懈。同时他还研究评论书中的一些观点。这样他的见解也越来越精辟，有时连当时那些学识渊博的人也自叹不如了。

后来，孙权的谋士鲁肃也感到自己的见识比不上吕蒙，他感慨地对吕蒙说：“了不起，你已经不再是当年的吴下阿蒙了，真应该刮目相看了。”

守株待兔

【解释】

“守株待兔”这则成语的意思是守着树桩等待兔子跑来撞死。比喻死守狭隘、片面的经验，不知变通，或不求进取，妄想不经过主观努力而侥幸得到成功。株：树桩。

【出处】

这个成语来源于《韩非子·五蠹》：宋人有耕田者，田中有株，兔走，触株折颈而死，因释其耒而守株，冀复得兔。兔不可复得，而身为宋国笑。

【故事】

宋国有个种庄稼的人，一天在田里干活，忽然看到有只野兔从远处奔过来。只见它狂奔乱闯，最后撞在一个树桩上。他走近一看，那野兔已折断头颈死去。农夫高兴极了，把那只死兔拣起来，带回家去美美吃了一顿。第二天，农夫放下农具，再也不下田干活了。他就坐在那个树桩边，等待着再有野兔撞树桩而死，以便白白地拣到死兔。

一天、两天过去了，十天、半个月过去了，农夫再也没有等到第二只撞树桩的野兔，而田里的庄稼却荒芜了。人们都取笑他这种行为，并且很快传遍了宋国。

其实，野兔撞在树桩上死去，这是非常偶然的事，并不意味着别的野兔也一定会撞死在这个树桩上。可是，这个农夫竟然以偶然当做必然，不惜放下农具，任其耕田荒芜，专等偶然的收获，真是太愚蠢了。

数典忘祖

【解释】

“数典忘祖”这则成语的意思比喻忘本，即忘记自己本来的情况或事物的本源。

【出处】

这个成语来源于《左传·昭公十五年》：籍父其无后乎？数典而忘其祖。

【故事】

籍谈是晋国掌管典籍的官员，他的祖先也曾经做过这样的官。有一次，他被派遣到周朝去参加葬礼，葬礼结束后，周景王设宴招待他们。宴席上，周景王用鲁国朝贡的酒壶为他斟酒，随口问道：“别国都有物品进贡王室，为何独独晋国没有进贡呢？”籍谈回答说：“各诸侯国在受封时都曾得到过王室的赏赐，而晋国从未受过王室的赏赐，所以没有器物可献。”周景王听后，不满地说："从晋国的始祖唐叔起，就不断受到周王室的赏赐。你身为晋国司典的后代，当今管理典籍的官员，不应该不知道这些史实。"说得籍谈无话可答。

籍谈走后，周景王对左右的大臣们说："籍谈真是数典而忘其祖啊！"

四面楚歌

【解释】

"四面楚歌"这则成语的意思是四面八方传来楚国人的歌声。比喻四面受敌，处于孤立无援、走投无路的绝境。楚歌：楚国人的歌声。

【出处】

这个成语来源于《史记·项羽本纪》：项王军壁垓下……夜闻汉军四面皆楚歌，项王乃大惊……

【故事】

从公元前206年开始，楚霸王项羽与汉王刘邦之间展开了长达五年的楚汉战争。战争初期互有胜败，但后来刘邦联合各地反对项羽的势力和项羽相争。公元前202年，刘邦等率军合围楚军。到年底，项羽败退到垓下，被汉军团团围住。

这时，项羽的兵力已被消灭得差不多了，粮食也已吃完，而刘邦的军队兵强马壮，粮草充足，把楚军包围

【鸠声唤雨】轴 局部［明］沈周 中国台北故宫博物院藏

【鸠声唤雨】轴 局部 [明] 沈周 中国台北故宫博物院藏 73-5

了好几重，项羽很难突破重围。为了彻底瓦解楚军的斗志，刘邦运用心理战，叫汉军唱楚地的歌曲，使楚军以为汉军已经尽占楚地。这一招果然收到了奇效。

一天夜里，项羽听到四面都响起了楚地的歌声，不由得自言自语起来："难道说汉军已经完全占领楚地了吗？唉，这里的楚人为什么这么多？"项羽深感大势已去，焦虑万分。他命人在营帐中摆酒，痛饮解愁。他心爱的妃子虞姬随军陪伴他，此刻被他叫来陪饮。项羽还有一匹青白杂色的好马，名叫骓（zhuī），也是他最喜爱的。败局已定，人将战死，最放不下的便是这虞姬和骓马。想到这里，他一边饮酒，一边悲哀激昂地唱道："我的力气能拔山啊，勇气盖世无双，时运不佳啊，骓不再前进。骓不前进啊，该怎么办？虞姬呀虞姬呀，该怎样把你安排？"唱了几遍，又让虞姬舞着剑跟他唱。项羽唱得热泪盈眶，在旁的随从人员也跟着哭泣，谁也不忍心抬起头来看这悲惨的景象。当天夜里，项羽率领八百多名骑兵，拼死突破重围，向南逃去。几经辗转，最后身边只剩二十八名骑兵，而追来的汉军有好几千人。项羽便在乌江边自杀。

叹为观止

【解释】

“叹为观止”这则成语也作“叹观止矣”，形容赞叹所见事物已好到极点。

【出处】

这个成语来源于《左传·襄公二十九年》：观止矣！若有他乐，吾不敢请已！

【故事】

吴国君主寿梦有四个儿子：诸樊、余祭、余昧、季札，在他临死前将他们四人召集到病床前，安排后事。寿梦认为幼子季札最贤能，想让他作君主，可是季札拒绝了。于是，寿梦立下遗规，由四个儿子依次传位，最终由季札为君。

寿梦死后，诸樊首先继承王位，十三年后去逝，接着余祭在位十七年被刺杀，然后三弟余昧继位，拜季札为相。季札主张罢兵安民，结交齐、晋等中原诸侯，余昧同意季札主张，派他出使鲁、齐、郑、卫、晋等国。公元前 544 年，吴公子季札来到鲁国，表示愿与鲁国世代友好相处。鲁国很高兴，用舞乐招待季札。季札精通舞乐，一边观赏，一边品评，当鲁国演出《韶箾》舞时，季札便断定这必然是最后一个节目了。观罢《韶箾》，季札赞叹一番，然后非常得体地道谢："这舞乐好极了，我们就观看到这里为止吧！"这令鲁国人非常惊奇，他们怎么也不会想到季札竟能预知这是最后的一个节目！

探囊取物

【解释】

"探囊取物"这则成语的意思是伸手到袋子里取东西。比喻一件事非常容易办好。探囊：手伸进口袋。

【出处】

这个成语来源于《新五代史·南唐世家》：中国用吾为相，取江南如探囊中物尔。

【故事】

韩熙载为五代时期的名士，因其父亲被后唐明宗李嗣源所杀，准备离开中原，投奔江南的南唐。

韩熙载临走前，他的好朋友李穀（gǔ）为他送行。道别时，韩熙载对李穀说："江南的国家如果任用我为宰相，我定能率军北上，迅速平定中原。"李穀听后说："中原国家如果任用我为宰相，那夺取江南各国好比把手伸到口袋里取东西那样容易。"韩熙载投奔南唐不久，就将吴国给灭了。但是，南唐也国事多变，韩熙载却借酒浇愁，与歌妓厮混在一起，因此一直未能当上宰相。他原先的誓言，自然没有得到实现。

李穀的情况与韩熙载不同。他做北方后周的将领，奉命征伐南唐。他在南征过程中打了不少胜仗，屡建战功。惟独当宰相的誓言却一直没有实现。

螳臂当车

【解释】

“螳臂当车”这则成语的意思是螳螂举足想挡住车子前进。比喻势单力薄，不自量力。臂：螳螂的前腿。当：阻挡。

【出处】

这个成语来源于《庄子·人间世》：“汝不知夫螳螂乎？怒其臂以当车辙，不知其不胜任也。”

【故事】

颜阖（hé）为鲁国名士，一次他游历卫国，卫灵公听说他很有才学，便打算聘请他当自己太子的老师。颜阖风闻太子非常凶暴，任意杀人，卫国的人对他十分惧怕。对这样的人是否可以教导，他吃不太准，因此去请教卫国的贤人蘧（qú）伯玉。颜阖把自己对太子的了解告诉了蘧伯玉，然后问道：“如今大王要我当他的老师，要是我同意了，会很难办的；如果放任他而不引导他走正路，他一定会继续残害国人，给国家带来危难；如果对他严加管束，制止他胡作非为，他就会来害我。我该怎么办呢？”蘧伯玉回答说：“凭你的才能去教育太子，是很困难的。如真的当他老师，应该处处谨慎，不能轻易地去触犯他，否则会惹出杀身之祸。就像太爱自己的马的人，见有虫咬马，便赶紧猛力拍打。结果惊了马，马把自己踢死了。”蘧伯玉见颜阖不住地点头，便又举了一个例子：“你知道螳螂吗？一次我乘马车外出，看到路上有只螳螂，不顾车轮正在朝它滚去，却奋力举起两条前腿走来，想挡住车轮行进。它不知道自己的力量根本不能胜此重任，结果当然被车轮碾得粉骨。螳螂所以被碾死，是因为它不自量力。如果你也不自量力，想去触犯太子，恐怕也要落得个与螳螂当车一样的下场。”颜阖听了，决定不去触犯太子，尽快离开卫国。

同仇敌忾

【解释】

“同仇敌忾”这则成语的意思是表示抱着共同的愤恨，一致对付共同的敌人。“同仇”“敌忾”这两个意思相同的词合在一起成为成语使用。

【出处】

这个成语来源于《诗·秦风·无衣》：王于兴师，修我戈矛，与子同仇。语出《左传·文公四年》：诸侯敌王所忾，而献其功。

【故事】

东周春秋时期，有一首表现士兵们慷慨从军、同心对敌的乐观精神和保卫祖国的英雄气概的歌谣在军中广为流传。这首歌谣分为三节，可以反复咏唱。其中第一节是这样的：“谁说没有衣服？我的战袍就是你的。国王兴兵打仗，快把刀枪修好。我与你共同对付仇敌。”“同仇”这个词就来源于上面的歌谣。公元前623年，卫国的宁俞出使鲁国，鲁文王设宴招待。席间，文王让乐工演唱《湛露》和《彤弓》。宁俞一听就知道，这是周天子对诸侯恩赐、褒奖时的宴乐。为此，他在席间不作任何答谢之辞。

文王对宁俞在席间表示沉默不理解。宴饮完毕后，命人私下询问他是什么原因。宁俞回答说："当年诸侯以周天子对敌人的愤恨为愤恨，所以为天子献上战功。天子为了酬谢诸侯，在酒宴中赐彤弓，赋《湛露》，这是应该的。但如今我们卫国来到鲁国表示友好，大王学天子赐诸侯的礼节，也命乐工演唱《湛露》和《彤弓》。在这种情况下，我只好沉默不言了。""敌忾（kài）"这个词就来源于此。

痛定思痛

【解释】

"痛定思痛"这则成语的意思是形容悲痛的心情平静以后，追思当时所遭受的痛苦，倍加伤心。

【出处】

这个成语来源于宋·文天祥《指南录后序》：呜呼！死生，昼夜事也。死而死矣，而境界危恶，层见错出，非人世所堪。痛定思痛，痛何如哉！

【故事】

1275年，元军逼近南宋都城临安。这时，不论是应战、守城还是迁都，都已经来不及了。朝中的大小官员聚集在左丞相的官署里，都不知道用什么办法来解除危难。

为了缓解危急的局势，文天祥毅然辞去右丞相的职务，以资政殿学士的身份前往元营。到元营后，文天祥大义凛然，激昂慷慨陈辞，痛斥了元军南侵的罪行，令元帅伯颜非常惊慌，却又钦佩他的才识，企图引诱他投降，文天祥严辞拒绝；继而以死相威胁，文天祥也毫不动摇。

不久，元军让继文天祥任右丞相的贾余庆以祈请使的身份，前往元朝的京城大都。伯颜强迫文天祥随同前往。

文天祥认为，按照常理他应当自杀。但他抑制住自己的心情，忍耐着所受的屈辱，还是随贾余庆去了。船驶到京口，文天祥乘敌人不备，与同去的幕客乘上一条小船脱身。接着，一行人来到了真州。文天祥把敌人的军情虚实告诉了真州守将苗再成；同时写信给淮东、淮西两位边帅，约他们联合行动。

不料，驻扬州的淮东边帅李庭芝以为文天祥已投降元军，这回是来代敌人骗取扬州城的，命令苗再成除掉他。苗再成不同意这样做，也不忍下手，于是送文天祥出城，劝他逃到淮西去。文天祥不得已，只好改名换姓，隐蔽行踪，在荒野里赶路，在露天下歇宿，每天与敌人的骑兵周旋于淮河地区。

为了消除李庭芝的误会，文天祥前往扬州，准备当面与他说清楚。凌晨时他抵达扬州城下，听一守门人说李庭芝已下令逮捕文天祥，觉得一时难以解释明白，不得已再离开扬州。后来得到一只船，避开被敌人占据的小岛，绕过扬子江口，进入苏州，来回转移在四明、天台一带，终于到达了永嘉。

早在通州的时候，文天祥就听说恭帝的弟弟赵昰（shì）在福州即位。因此到永嘉后，又乘海船去福州。

文天祥在从元军手中逃脱到渡海南下途中，写了许多记录自己危急遭遇和抒发自己爱国之情的诗篇。后来他把这些诗作汇成一个集子，命名为《指南录》。“指南”是表示他像磁针一样，永远指向南方，表明了他对宋王朝的一片忠心。

在《指南录后序》中，文天祥概述了自己去元营谈判、被驱北行、中途逃脱、经过流亡到福州的遭遇。其中的第四段，列数了自己遭遇的险境，几乎没有一天不遭遇到死亡的威胁。他叹道：生与死是像昼夜转移一样平淡的事。死了也就算了；但是艰危险恶的处境反复错杂地出现，不是人世间所能忍受得了的。痛苦的事情过了之后，再回想起当时的痛苦，这种痛楚又是多么深啊！

投笔从戎

【解释】

“投笔从戎”这则成语的意思是扔掉笔去当兵。形容弃文就武，读书人参军入伍。投：扔掉。从戎：参军。

【出处】

这个成语来源于《后汉书·班超传》：尝辍业投笔叹曰：“大丈夫无他志略，犹当效傅介子、张骞，立功异域，以取封侯，安能久事笔砚间乎？”

【故事】

西汉著名史学家班彪的小儿子、《汉书》的编撰者班固的弟弟班超，从小胸怀大志，虽然不注意修饰外表，不拘细节，但很孝顺长辈，常常在家干粗活、累活。他擅长辩论，并且阅读过各种图书和典籍。

汉明帝永平五年（62年），班固被召到京城洛阳做官，三十岁的班超与母亲随同前往。由于家境贫寒，他经常替官府抄写书籍，以取得一些收入。

时间一长，整天抄抄写写的工作使班超感到十分厌烦，觉得长期干这种事没有出息。一天，他正在埋头抄书，突然心有所感，把笔一扔，感叹地说：“大丈夫纵然没有雄才大略，也应当像傅介子、张骞一样，到西域去建功立业，获得封侯的赏赐，怎么能老是这样埋头在笔砚之间抄书呢！”同他一起抄书的人听他说这话都不以为然，讥笑他是异想天开。班超反感地说：“你们这些庸碌的小人，怎么能理解壮士的志向呢？”不久，班超参加了军队。由于他作战英勇，身先士卒，所以很快得到了升迁。后来，汉明帝又派班超出使西域。在多次出使西域的过程中，他只带着数十个随从，凭着自己的勇敢和智慧，克服了重重困难，加强了汉朝和西域各国在政治、经济、文化等各方面的联系，为双方的和平友好作出了重要贡献。

投鼠忌器

【解释】

“投鼠忌器”这则成语的意思是要扔东西打老鼠，又担心砸坏了它旁边的器物。比喻采取行动有所顾虑，想干而不敢放手去干。比喻想打击某人（多指坏人），而又顾虑妨害他所依附的人。

【出处】

这个成语来源于《汉书·贾谊传》：里谚曰：“欲投鼠而忌器。”此善谕也。鼠近于器，尚惮不投，恐伤其器，况于贵臣之近主乎！

【故事】

贾谊，西汉初期人，著名的辞赋家和政论家。

贾谊写的政论文，都能切中时弊，提出不少重要的见解。其中的《陈政事疏》（又名《汉安策》）指出，当时诸侯王割据一方、竞相扩充实力的局面，隐藏着分裂中央政权的危机，建议削弱诸侯王的势力，巩固中央集权。

贾谊在《陈政事疏》中还提出，应该坚决实行严格的等级制度。他认为，皇帝是至高无上的。皇帝管辖的大小官吏，好比一级一级的台阶，应该界限分明，不可混淆，做到尊卑有序。百姓犯了法，可用在脸上刺字、割鼻子、砍脚、鞭打等手段去惩治；但王侯大臣犯了法，不能采用这些刑罚，而应用“廉耻节礼”等封建道德来约束。王侯大臣即使犯了天大的罪，也只能赐他们死，因为他们是皇帝身边的达官贵人。

为使自己的主张更生动，贾谊引用一个谚语说：本来想用东西投掷老鼠，但顾忌会打坏它旁边的器物。这是一个很好的比喻。老鼠靠近器物尚有所顾忌，不用东西去投掷它，惟恐损伤器物，何况对贵臣的处置呢。对于皇帝身边的大臣，不能对他们施以惩治老百姓的刑罚，以免使皇帝的尊严受损。

图 穷 匕 见

【解释】

“图穷匕见”这则成语的意思是将图展开，展到尽处匕首露现。比喻事情发展到了最后关头，真相或本意终于完全显露出来。图：地图。穷：尽。匕：匕首。见：通“现”，显露。

【出处】

这个成语来源于《战国策·燕策三》《史记·刺客传》、《资治通鉴·秦始皇帝二十年》：轲既取图奉之，发图，图穷而匕见。

【故事】

战国末期，燕国的太子丹被迫到秦国作为人质。秦王嬴政（即后来的秦始皇）很瞧不起他，也不放他回国，后来让他回国，又在途中设计害他。因未得逞，他才得以回到燕国。这时，秦国实力强盛，不久攻灭了韩、赵两国，接着又向燕国进军。为此，太子丹决定派人去行刺秦王，以期扭转局势。

太子丹物色到一位名叫荆轲的勇士。他擅长剑术，是行刺秦王的最好人选。为了使荆轲能接近秦王，特地为他准备了两样秦王急于想获得的东西：一是从秦国叛逃到燕国的将领樊於（wū）期的头颅，二是燕国

易水壮别

督亢地区（今河北涿县东）的地图，表示燕国愿将这块地方献给秦国。

这两样东西分别放在匣子里。行刺秦王的匕首，就放在卷着的地图的最里面。此外，还为荆轲配了一名助手，此人叫秦舞阳。临行时，太子丹等身穿丧服，将荆轲送到易水边。

秦王得知燕国派人来献两样他最需要的东西，非常高兴。在都城咸阳宫内隆重接见。荆轲捧着装有樊於期头颅的匣子走在前面，秦舞阳捧着装有地图的匣子跟在后面。

秦舞阳在上台阶时，紧张得双手颤抖，脸色变白。荆轲赶紧解释掩盖过去，并按秦王的要求，接过秦舞阳手里装有地图的匣子，当场打开，取出地图，双手捧给秦王。秦王慢慢展开卷着的地图，细细观看。快展到尽头时，突然露出一把匕首。荆轲见匕首露现，左手抓住秦王衣袖，右手举起匕首便刺。

但是，荆轲并未刺中秦王。秦王急忙拔剑自卫，却又一时拔不出来。于是两人绕着柱子转。卫兵因没有秦王命令，不敢擅自上前。

就在这紧张的时刻，秦王的侍臣突然用医袋抛打荆轲，并向秦王喊叫把剑推到背后拔出。秦王顿时醒悟过来，迅速拔出剑来，一剑砍断了荆轲的左腿。荆轲倒地后，将匕首投向秦王。但没有击中秦王，最后卫兵一拥而上，将荆轲杀死。

退避三舍

【解释】

“退避三舍”这则成语的意思是退师九十里。比喻退让和回避，避免冲突。舍：春秋时行军三十里为一舍。

【出处】

这个成语来源于《左传·僖公二三年、二八年》：晋楚战于城濮，文公令退三舍避之。

【故事】

春秋时，晋献公宠爱骊姬，还立骊姬所生的儿子奚齐为世子，公子重耳和夷吾被迫流亡国外。

起先，重耳仓皇逃到翟国，在那里一住就是十二年。晋献公去世以后，臣子里克杀掉了先后继位的奚齐和卓子。后来，夷吾自梁国回去即位，史称晋惠公。晋惠公怕重耳回国来夺他的宝座，便派人去行刺重耳。

在这种险恶的形势下，重耳只得到处逃窜。他曾先后逃到齐、曹、卫等国家，但是那些国家的国君没有一个瞧得起他。后来他到了楚国，楚成王对他很赏识，很器重，不但用接待诸侯的礼仪对待他，而且对他的随从如赵衰、介子推等也十分优待和尊重。有一天，楚成王准备了丰盛的酒菜，来款待这位落难的晋公子。成王和重耳紧邻而坐，彼此谈得很投机。酒酣耳热之时，成王突然笑着问："现在我以如此隆重的礼节接待你，将来你要是回国，做了晋国国君，打算怎样报答我呢？"重耳却说："男女奴隶、宝玉和丝绸您多的是；至于装饰用的羽毛、兽齿和皮革等，又是贵国的名产，我实在不知道应该怎样报答你才好！"

成王听了重耳的回答，觉得很不满意，说："话虽然这样说，但我想，你将来如做了晋国国君，总可以报答我的吧！"这时，重耳突然灵机一动，说："假如托您的福我真能回到晋国，将来万不得已和你在战场上见面，那我就退避三舍，来报答你对我的恩情。"后来，重耳果然真的回到了晋国，并做了国君（即晋文公）。再后来为了援助宋国，重耳不得不和楚国交战。当两军接近时，他为了实现当初对楚成王的承诺，便下令全军后退了三舍之地即九十里。

完璧归赵

【解释】

“完璧归赵”这则成语的意思是把完整无损的和氏璧归还给赵国。比喻把原物完好地归还给原主。完：完整。璧：玉器。

【出处】

这个成语来源于《史记·廉颇蔺相如列传》：相如曰：“王必无人，臣愿奉璧往使。城入赵而璧留秦；城不入，臣请完璧归赵。”

【故事】

战国时期，赵惠文王得到一块稀世宝玉——和氏璧，秦昭王听说后，便派人送信给赵王，说愿意以十五座城来换这块璧。

赵王怕秦王有诈，不想将璧送去，但又怕秦王借口派兵来犯。就在这左右为难的时候，有人向赵王推荐了蔺相如。赵王召见了他，听他分析了这件事的性质，并认为还是答应秦国的要求为好。赵王很满意他的分析，问他谁可以出使秦国。蔺相如回答说：“想必大王还未找到可以出使的人。我愿意捧着璧出使秦国，并向大王保证：秦国将城池给赵国，我就把璧留给秦王；如若秦国不将城池给赵国，我就一定将完整的璧送归赵国。”

完璧归赵

于是，赵王派蔺相如出使秦国。他向秦王献上和氏璧后，秦王满心欢喜，只顾给左右大臣和姬妾们传看玉璧而无意交城。蔺相如借口璧上有小白斑点要指给秦王看，取回和氏璧，随即愤怒地指责秦王不提交城之事，显然不是诚心交换。如强行逼迫他，他将让玉璧与自己脑袋一起在柱上撞个粉碎。

秦王害怕和氏璧被损坏，马上表示道歉，并当场叫人拿出地图，划出十五座城池。但蔺相如料到他这是做做样子，不会真的交城，因此表示秦王必须斋戒五天，在朝廷上举行最隆重的仪式，方能献璧。秦王被迫同意。蔺相如估计到，秦王虽然答应斋戒五天再受璧，但肯定不肯给赵十五座城。因此让一个随从人员换上普通百姓穿的粗布衣服，藏着和氏璧，从小路逃回赵国，从而实现了自己完璧归赵的诺言。

等到秦王发觉受骗，已经来不及了，他虽然很恼火，但认为就是杀了蔺相如，也不能得到这块璧。于是就此作罢，让蔺相如平安地返回赵国。

亡羊补牢

【解释】

“亡羊补牢”这则成语的意思是羊丢失后，才修补羊圈。比喻出了差错，设法补救，免得再受损失；也含犹未为晚之意。亡：丢失。牢：关牲口的圈栏。

【出处】

这个成语来源于《战国策·楚策四》：臣闻鄙语曰：“见兔而顾犬，未为晚也；亡羊而补牢，未为迟也。”

【故事】

战国时期，昏庸的楚襄王即位后，重用奸臣，政治腐败，致使国家一天天衰亡。大臣庄辛看到这种情况，非常着急，劝襄王不要成天吃喝玩乐，不管国家大事；这样长此以往，楚国就要亡国了。楚襄王听了大怒，骂道：“你老糊涂了吧，竟敢这样诅咒楚国。”庄辛见楚襄王不纳忠言，只好躲到了赵国。结果庄辛到赵国才住了五个月，秦国果然派兵攻打楚国，并长驱直入，攻陷了楚国的都城郢城。楚襄王惶惶如丧家之犬，逃到城阳。这时，他想到庄辛的忠告，又悔又恨，便派人把庄辛迎请回来，说：“过去因为我没听你的话，所以才会弄到这种地步，现在，你看还有办法挽救吗？”庄辛看到楚襄王有悔过之心，便借机给他讲了个故事：从前，有人养了一圈羊。一天早晨，他发现少了一只羊，仔细一查，原来羊圈破了个窟窿，夜间狼钻进来，把羊叼走了一只。

邻居劝他说："赶快把羊圈修一修，堵上窟窿吧！"那个人不肯接受劝告，回答说："羊已经丢了，还修羊圈干什么？"第二天早上，他发现羊又少了一只。原来，狼又从窟窿中钻进来，叼走了一只羊。

这时他才后悔自己没有听从邻居的劝告，便赶快堵上窟窿，修好了羊圈。从此，狼再也不能钻进羊圈叼羊了。

除此之外，庄辛又给楚襄王分析了当时的形势，认为楚国都城虽被攻陷，但还有几千里国土，只要振作起来，改正过去的过错，秦国是灭不了楚国的。楚襄王听了，便遵照庄辛的话去做，果真度过了危机，再次使楚国振兴起来。

望尘莫及

【解释】

"望尘莫及"这则成语的意思原作"望尘不及"，望着前面人马奔跑扬起的尘土而追赶不上。后世多作"望尘莫及"，形容望着远去的人马行走时扬起的阵阵尘土，却不能追上他们。比喻远远地落在了别人的后面，相差甚远，无法追上。

【出处】

这个成语来源于《后汉书·赵咨传》：（赵咨）复拜东海相，之官，道经荥阳。令敦煌曹皓，咨之故孝廉也，迎路谒候。咨不为留，皓送至亭次，望尘不及，谓主簿曰："赵君名重，今过界不见，必为天下笑。"即弃印绶，追至东海。

【故事】

赵咨，字文楚。东汉东郡燕人。汉灵帝时，曾几度出任敦煌太守，后因病辞官回家，在家里和子孙一起以种田为生。后又复出做官，任东海相。

去东海赴任的路上，要经过荥阳。当时的敦煌县令曹皓，得知赵咨要经过荥阳，特地专程在路口等候，想与赵咨好好地叙叙旧情。因为他俩相识，而且曹皓曾经受到赵咨的推荐，去参加选拔官吏的考试。所以曹皓自然是十分高兴，想请他在荥阳稍事停留，彼此谈谈。想不到，赵咨到达荥阳后，见了曹皓，连车也没下就走了。曹皓想送他到十里外的长亭，但只看见车马行路扬起的尘土滚滚，他们早已走远了。曹皓对一旁的主簿（文书事务官员）说："赵咨很有名望，今天路过这里而不作停留，我这当县令的必然被天下人所耻笑。"说着丢下他当官的印绶，追至东海去了。

现在，人们习惯上把"望尘不及"的成语，说成"望尘莫及"。

望梅止渴

【解释】

“望梅止渴”这则成语的意思是眼望梅林，流出口水而解渴。比喻从不切实际的空想、空话中安慰自己或别人。

【出处】

这个成语来源于《世说新语·假谲》：魏武帝行役失汲道，军皆渴，乃令曰：“前有大梅林，饶子，甘酸可以解渴。”士卒闻之，口皆出水，乘此得及前源。

【故事】

曹操是三国时著名的政治家、军事家，足智多谋，善于解决用兵中的各种复杂问题。

有一年夏天，他带领一支大军，经过一个没有水的地方。当时已经到了中午，烈日当空，天气十分炎热。将士们携带着沉重的武器，全身都被汗水浸湿，又热又渴，非常难受，严重影响了行军速度。

曹操见将士们一个个舔着干燥的嘴唇，勉强行走，心里非常焦急。他把向导叫来，问他附近有没有水源，向导回答说没有。曹操不甘心，下令队伍原地休息，派人分头到各处去找水。过了好一会儿，派去的人全都说没水源。

曹操心想，情况很严重，如在这里久留，会有更多的人无法坚持下去。他灵机一动，站到一个高处，大声说道："有水啦！有水啦！"将士们听说有水，全都从地上爬起来，焦急地问道："水在哪里？水在哪里？"曹操指着前面说："这条路我过去曾走过，前面不远的地方有一大片梅林，那里结的梅子又大又多，它那甘美的酸汁可以解渴，咱们快上那儿去吧！"将士们一听说梅子及梅子的酸汁，就自然而然地想象起酸味，从而流出口水，顿时不觉得那么渴了。

曹操立即指挥队伍行进。经过一段时间，终于把队伍带出这个没有水的地方。于是大家痛痛快快地喝足了水之后，又精神焕发地继续行军了。

望洋兴叹

【解释】

"望洋兴叹"这则成语也作"望洋向若(而叹)"，意思是：望着无边无际的大水，身不由己地发出了感叹。在伟大的事物面前，开阔了眼界，才感到自己渺小。后来一般用来比喻办事力量不足，条件不够，无从着手，无可奈何。

【出处】

这个成语来源于《庄子·秋水》：于是焉河伯始旋其面目，望洋向若（海神名）而叹曰："野语有之曰，'闻道百以为莫己若者'，我之谓也。"

【故事】

河伯是黄河里的河神，他一向以为，他所在的黄河是天下最大的河，这里的水是最多的，因此从未远离过黄河。秋天来了，雨水连绵不断，大大小小河流的河水猛涨，全汇集到黄河里。黄河的水道容纳不了这么多水，河水溢到岸上，淹没了两岸的洼地。于是，黄河的水面开阔起来。隔水望去，只见波涛滚滚，连对岸的牛马也看不清楚了。

河伯见水势这么大，以为天下的水都流到这里了。于是，得意洋洋地乘兴顺流东游。不久，他来到了黄河的入海口。举目望去，但见白茫茫的大海无边无际，浪涛拍打着蓝天。这景象是他从未见到过的，他才知道黄河根本不能与北海相比。这时的河伯，再也不得意洋洋了。他抬起头来，望洋兴叹道："俗话说，'听到一百样道理，就自以为知道得很多，觉得谁也比不上自己。'这话也许说的就是我吧。如果我不到这里来，亲眼看到无边无际的北海，我的眼界怎么能打开？我也永远要被那些有见识的人讥笑了！"北海之神安慰河伯说："是啊，对井中的蛙，是不能同它谈海的。因为它被自己的住处所局限，根本不知道什么是海。对只生存在夏天的虫，是不能同它谈冰的。因为它受时间限制，根本就不知道什么是冬天。对见识浅陋的人，是不能同他讲高深道理的。因为他被所受到的教育束缚住了。”河伯听了连连点头称是。因为他觉得，北海之神讲的道理都是自己从未听到过的。

危如累卵

【解释】

“危如累卵”这则成语原作“危于累卵”，意思是危险得像垒起来的蛋，形容危险到了极点，随时都有倒下来打碎的可能。卵：蛋。累：垒。

【出处】

这个成语来源于《史记·范雎列传》：因言曰：“魏有张禄先生，天下辩士也。曰：‘秦王之国危于累卵，得臣则安。然不可书佳也。’”

【故事】

范雎，战国时魏国人，他出身贫寒，曾经跟魏国中大夫须贾一起出使齐国，齐襄王仰慕范雎的口才，送金送酒食给他，引起须贾怀疑。回国后，须贾向魏相魏齐作了报告，范雎遭到诬害，差点被打死。后来，他化名张禄，在魏人郑安平和秦国出使魏国的使臣王稽的帮助

下，逃往秦国。

王稽向秦昭王推荐范雎，说：“魏国的张禄先生，是个不可多得的人才，他说秦国现在危险得像垒起来的鸡蛋，大王如果能重用他，就可转危为安。所以我把他带到秦国来了。”秦昭王起先并不相信范雎，但他后来发现范雎确实才能非凡，便先拜范雎为客卿，接着又封范雎为相国。范雎采用远交近攻的策略，为秦国的强大，作出了自己的贡献。

根据《史记·范雎列传》的注释，“危如累卵”的原始故事发生在春秋时代，那时的晋灵公贪图享乐，派大臣屠岸贾给他造一座九层的琼台，他怕有人劝阻，下令说：“谁敢进谏，一律杀头。”大臣荀息知道后，便来求见晋灵公。晋灵公为了防止荀息谏阻，命武士弯弓搭箭，只要荀息一开口劝谏，便立刻把他射死。

荀息见到晋灵公后，故作轻松地对晋灵公说：“我今天来拜见大王，并不敢向你规劝什么，只是来给你表演一个特技。我能够把十二颗棋子垒起来，再把九个鸡蛋垒上去而不会倒塌。”晋灵公听了，便叫荀息表演。荀息先把十二颗棋子垒起来，再把鸡蛋一个个往上加。晋灵公见了，在一旁大叫“危险”，荀息慢条斯理地说：“这有什么危险，还有比这更危险的呢！”

晋灵公问他更危险的是什么，荀息说：“大王，你造九层高台，弄得国内已没男人耕地，国库空虚，一旦外敌入侵，国家危在旦夕，难道不更危险吗？”话刚说完，晋灵公立即醒悟过来，马上停止了九层高台的工程。

为虎作伥

【解释】

“为虎作伥”这则成语的意思是旧时迷信，认为被老虎咬死的人，他的鬼魂又帮助老虎伤人，称为伥鬼。比喻帮助恶人作恶，干坏事。

【出处】

这个成语来源于《正字通·听雨记谈·伥褫》：相传虎啮人死。死者不敢他适，辄隶事虎，名为伥鬼。伥为虎前导，途遇暗机伏陷，则迁道往。人遇虎，衣带自解，皆伥所为。虎见人伥而后食之。

【故事】

从前，在某一个地方的一个山洞里，住着一只凶猛无比的老虎。有一天，它因为没有食物充饥，觉得非常难过。于是，它走出山洞，到附近的山野里去猎取食物。

山野里各种各样的动物虽然很多，但是，当它们一闻到老虎身上那股特殊的味道时，全都敏感地逃开了。

老虎眼见这些大好的食物都无法到口，心中有说不出的懊恼。正在这时候，它看到山腰的不远处有一个人正蹒跚地走来，便猛扑过去，把那个人咬死，把他的肉吃光。

但仍不满足的老虎，抓住那个人的鬼魂不放，非让它再找一个人供它享用不可，不然，它就不让那人的鬼魂获得自由。

那个被老虎捉住的鬼魂居然同意了。于是，他就给老虎当向导，找呀找的，终于遇到第二个人了。

这时，那个为了自己早日得到解脱的鬼魂，竟然帮助老虎行凶。他先过去迷惑新遇到的人，然后把那人的带子解开，衣服脱掉，好让老虎吃起来更方便。

这个帮助老虎吃人的鬼魂，便叫做伥鬼。后人根据这一传说，把帮助坏人做伤天害理的事情，称为“为虎作伥”。

韦编三绝

【解释】

“韦编三绝”这则成语的意思是形容读书刻苦勤奋。“韦”是熟牛皮；“韦编”指用牛皮绳编连起来的竹简书；“三”是概数，表示多次；“绝”是断的意思。

【出处】

这个成语来源于《史记·孔子世家》：孔子晚而喜《易》，……读《易》，韦编三绝。曰：“假我数年，若是，我于《易》则彬彬矣。”

【故事】

春秋时的书，主要是以竹子为材料制造的：把竹子破成一根根竹签，称为竹“简”，用火烘干后在上面写字。竹简有一定的长度和宽度，一根竹简只能写一行字，多则几十个，少则八九个。一部书要用许多竹简，这些竹简必须用牢固的绳子之类的东西编连起来才能阅读。像《易》这样的书，当然是由许许多多竹简编连起来的，因此有相当的重量。

孔丘花了很大的精力，把《易》全部读了一遍，对它的内容有了基本的了解；不久又读第二遍，掌握了它的基本要点；接着，他又读第三遍，对其中的精神实质有了透彻的理解。在这以后，为了深入研究这部书，又为了给弟子们讲解，他不知翻阅了多少遍。这样读来读去，把串连竹简的牛皮带子也给磨断了几次，不得不多次换上新的再使用。

即使读到了这样的地步，孔子还谦虚地说：“假如让我多活几年，我就可以完全掌握《易》的文与质了。”

围魏救赵

【解释】

“围魏救赵”这则成语的意思是指围攻来犯之敌的后方据点，迫使敌人撤回其兵力。比喻借一件事情，解救另一件事情。

【出处】

这个成语来源于《史记·孙子吴起列传》：战国时，魏伐赵，赵急，请救于齐。……田忌欲引兵之赵，孙子曰：“……君若引兵疾走大梁，……彼必释赵而自救。”田忌从之，魏果去邯郸，与齐战于桂陵，大破梁军。

【故事】

战国时期，魏惠王派庞涓率领大军进攻赵国，将邯郸团团围住。赵成侯知道难以抵住魏军，就把中山之地献给了齐国，求齐国派兵解围。齐王即拜田忌为大将，并拜孙膑为军师，兴兵救赵。孙膑献计说：“我们把兵埋伏在路上，扬言攻打襄陵，魏军一定会撤回邯郸外围的兵力，回头救襄陵，我们在中途袭击魏兵，一定可大获全胜。”

孙 膑

田忌用了孙膑的计策，庞涓听到齐国进攻襄陵的消息后，马上撤回包围邯郸的兵去救襄陵，谁知魏军在途中遭到齐军截击，杀得魏军四散奔逃，庞涓拼命逃走，只好把军队撤回大梁。

畏首畏尾

【解释】

“畏首畏尾”这则成语的意思是既怕前头又怕后面。形容瞻前顾后，疑虑重重的样子。畏：害怕。

【出处】

这个成语来源于《左传·文公十七年》：古人有言曰：“畏首畏尾，身其余几？”

【故事】

春秋时代，晋和楚都是大国，力量强大，郑国较小较弱。晋国和楚国为了扩大自己的势力范围，都想把郑国变为自己的附庸。

有一次，晋灵公为了扩大影响，为了称霸诸侯，制造声势，他在郑国附近召集邻近小国开会。郑国因地处晋楚之间，既不愿得罪晋国，也怕得罪楚国，所以只得找个借口不去参与其会。

晋灵公见郑国没来开会，说郑国对晋有二心，很是不满。郑国为此惶恐不安。

郑国的国君郑穆公急忙写信给晋灵公，陈述郑国与晋国在历史上就有相互友好的关系，说明郑国的处境，表明郑国的态度。信中还说："我们郑国位于晋、楚两大国之间，北边怕晋国，南边畏惧楚国，故而未出席会议，这实在是无可奈何的事，古谚说：'畏首畏尾，身其余几'（意思是：头也怕，脚也怕，全身没有什么地方不怕）。鹿到临死时，只求能受到庇护，只求有个地方暂时安身，是不去选择藏身之地的。一个小国对待大国，到了这般地步也算到头了。我们郑国，现在正是这样，我们一贯殷勤地侍奉你们，可是你们还不满意，这使我们感到十分难办。可是如果逼我们逼得太急，太厉害了，无路可走，那我们就只好去投靠楚国了，如果我们投靠了楚国，那是你们逼我们不得不这样做的！"晋灵公见信后，怕郑国真的投靠楚国，就决定不向郑国兴师问罪，决定以和谈的方式来解决。

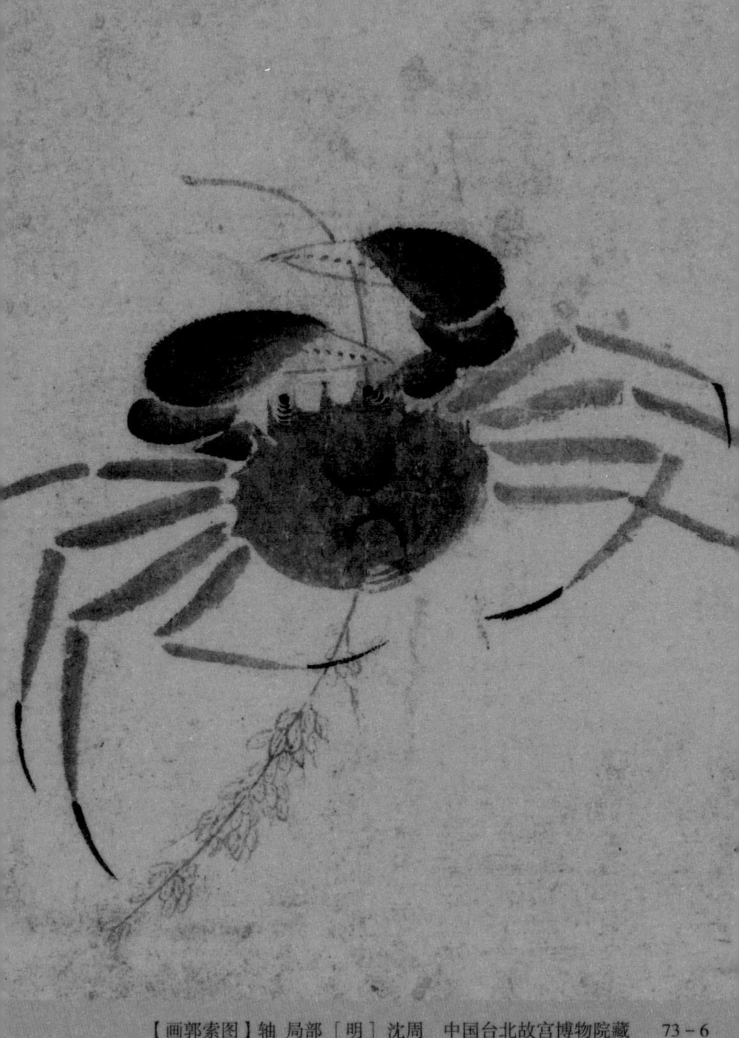

【画郭索图】轴 局部 [明] 沈周 中国台北故宫博物院藏

【画郭索图】轴 局部 〔明〕沈周 中国台北故宫博物院藏

闻 鸡 起 舞

【解释】

“闻鸡起舞”这则成语的意思是半夜听到鸡叫，便起床舞剑练功。比喻有志之士抓紧时间锻炼，奋发有为。闻：听到。舞：舞剑。

【出处】

这个成语来源于《晋书·祖逖传》：中夜闻荒鸡鸣，蹴琨觉曰：“此非恶声也。”因起舞。

【故事】

祖逖和刘琨都是晋代著名的将领，两人既是少年时代的好朋友，青年时又一起任司州（今河南洛阳东北）的主簿（主管文书簿籍的官吏）。两人志同道合，气意相投，都希望为国家出力，干出一番事业。他们白天一起在衙门里供职，晚上合盖一床被子睡觉。

当时，西晋皇族内部互相倾轧，争权夺利，各少数民族首领乘机起兵作乱，国家安全受到严重威胁。祖逖和刘琨对此都很为焦虑。

一天半夜，祖逖被远处传来的鸡叫声惊醒，便把刘琨踢醒，说：“你听到鸡叫声了吗？”刘琨侧耳细听了一会儿，说：“是啊，是鸡在啼叫。不过，才半夜呀！”祖逖一边起身，一面说：“这不是坏声音，

而是催促我们快起床锻炼的叫声。还是起床吧！”刘琨接受了祖逖的观点，跟着穿衣起床。两人来到院子里，只见满天星斗，月光皎洁，于是拔出剑来对舞。直到曙光初露，他们才汗流涔涔地收剑回房。

闻鸡起舞

后来，祖逖和刘琨都为收复北方竭尽全力，作出了自己的贡献。

刎颈之交

【解释】

“刎颈之交”这则成语的意思是指情深谊厚，可以同生死共患难的交谊或朋友。

【出处】

这个成语来源于《史记·廉颇蔺相如列传》：卒相与欢，为刎颈之交。

【故事】

战国时，赵国宦者令（宫中太监的首领）缪贤的门客蔺相如，受赵王派遣，带着稀世珍宝和氏璧出使秦国。他凭着智慧与勇气，完璧归赵，得到赵王的赏识，封为上大夫。

后来，秦王与赵王相会于渑池，想逼迫赵王屈服。凭借蔺相如和廉颇将军一文一武的齐心协力，密切配合，使赵王免受屈辱，并安全回到赵国。赵王为了表彰蔺相如，就封他为上卿，官位比廉颇将军的高。

对此事廉颇十分不满，他认为自己英勇善战，为赵国拼杀于前线，是赵国的第一大功臣，而蔺相如只凭一张嘴，居然官居自己之上，很是不服气，就决心要好好羞辱他一番。

蔺相如听到这个消息，便处处回避与廉颇见面。到了上朝的日子，就称病不出。

有一次，蔺相如有事出门，遇到廉颇。廉颇就命令手下用各种办法堵住蔺相如的路，最后蔺相如只好命令回府。得意洋洋的廉颇就把此事到处宣扬。

蔺相如的门客们听说了，纷纷提出要回家，蔺相如问为什么，他们说："我们为您做事，是因为敬仰您是个正直崇高的君子，可现在您居然对狂妄的廉颇忍气吞声，我们可受不了！"蔺相如听了，哈哈一笑，问道："你们说是秦王厉害还是廉颇将军厉害？我连秦王都不怕，又怎会怕廉颇呢？秦国现在不敢来侵犯，只是慑于我和廉将军一文一武保护着赵国，作为赵王的左膀右臂，我又怎能因私人的小恩怨而不顾国家的江山社稷呢？"门客们将此事很快传扬开来。廉颇听说后，非常惭愧，便袒胸露背背着荆条向蔺相如请罪。

从此，他们便成了同生死共患难的好朋友，同心同德效力赵国。

卧薪尝胆

【解释】

“卧薪尝胆”这则成语的意思是睡在柴草上，品尝苦胆的味道。比喻不敢安逸，刻苦自勉。

【出处】

这个成语来源于《史记·越王勾践世家》：吴既赦越，越王勾践反国，乃苦身焦思，置胆于坐，坐卧即仰胆，饮食亦尝胆也。

【故事】

公元前493年，吴王夫差为报父仇，领兵攻打越国，越王勾践兵败投降。夫差大获全胜，得意洋洋地把勾践及其妻子押往吴国。为了在诸侯国中表现自己宽宏大量，他决定不杀勾践夫妇，而让他们住在父亲墓前的石屋里，一边看墓赎罪，一边养马。夫差外出，勾践就得拿着马鞭子，走在马车前面。

过了三年，夫差认为对勾践的惩罚已经够了，今后他不会再反对自己了，便将他夫妇释放回国。

回国后的勾践立志报仇雪恨。为了锻炼自己的意志，他睡觉不用被褥，就躺在柴草中。又在自己起居处悬挂一个苦胆，坐卧时都能看到，每次吃饭前，都要去尝一尝胆的苦味，还经常哭着问自己："勾践，勾践，你忘记会稽战败的耻辱了吗？"勾践还采取各种措施，努力发展生产，并亲自扶犁种田，让妻子纺织；食不加肉，衣不重彩，与百姓同甘共苦。同时奖励生育，增加人口，加强国力。就这样，勾践经过"十年生聚，十年教训"，终于使越国强大起来。

后来，勾践举兵进攻吴国，大败夫差。夫差连忙派人求和，但被勾践拒绝，夫差被逼自杀，吴国灭亡。

洗耳恭听

【解释】

"洗耳恭听"这则成语的意思从字面上解释应是洗净耳朵，恭敬地听对方讲话。实际就是极为恭敬地听对方讲话。这是请人讲话时说的客气话。现在也用于带有讽刺或开玩笑的意味。恭：恭敬。

【出处】

这个成语来源于《高士传·许由》：尧欲召我为九州长，恶闻其声，是故洗耳。周权《此山集·秋霁诗》，"酒醒谁鼓《松风操》，炷罢炉熏洗耳听。"

【故事】

上古尧帝年老的时候，想找一个贤能的人来接替自己，听说许由是个隐世的高人，便想把帝位让给他。于是，他派使者到许由隐居的箕山去请他。使者来到箕山，见了许由，说了尧帝想把帝位让给他的事。许由说：“我不希罕什么帝位，你请回去吧！”使者走后，许由感到使者的话污染了他的清净的耳朵，立刻跑到山下的颍水边去，掬水洗耳。

与许由在一起隐居的还有巢父，这时他正巧牵着一条牛来给牛饮水，便问许由在干什么。许由就把刚才的事告诉他，并且说：“我听进了这样不干不净的话，怎么能不赶快洗洗我清白的耳朵呢！”巢父听了冷笑一声，说道：“哼，谁叫你在外面招摇，造成名声，现在惹出麻烦来了，那完全是你自己讨来的，还洗什么耳朵！算了吧，别玷污了我小牛的嘴！”说着，便牵起小牛，径直走向水流的上游去了。这个故事传说，叫做“箕山洗耳”。晋人皇甫谧把它收集在他所撰写的《高士传》中。“洗耳”一词的出处就在这里。不过后来人们所说的“洗耳”却和许由的洗耳含义完全不同。许由是因为不愿意听，并且自命清高而洗耳；后来所说的洗耳却是准备领教的意义，一般都叫做“洗耳恭听”——把耳洗干净，以便恭恭敬敬地听取有益的话，或欣赏优美的乐曲。

相敬如宾

【解释】

“相敬如宾”这则成语的意思原作“相待如宾”，一家人彼此相处，如同对待宾客一样。多用来形容夫妻互相尊敬，平等相待。后世多作“相敬如宾”，指夫妻互相尊敬，如同对待宾客一样。

【出处】

这个成语来源于《左传·僖公三十三年》：臼季使过冀，见冀缺耨，其妻馌之，敬，相待如宾。

【故事】

春秋时代，晋国大夫胥臣（又名“臼季”）奉命出使，路过冀地（今山西河津东北），遇见一人正在田间锄草，他妻子把午饭送到田头，恭恭敬敬双手捧献给丈夫，丈夫庄重地接住，祝祷后进食，妇人侍立一旁等他吃完，收拾餐具辞别丈夫而去。胥臣十分赞赏，认为夫妻之间尚能如此互相尊敬，如同对待宾客一样，何况对待别人。他深信此人必是有德之士，上前请教姓名，才知原来是前朝旧臣郤（xì）芮的儿子郤缺。郤芮原先因功封在冀地，被人称作冀芮，后犯谋逆罪被杀，他的儿子郤缺也被废为平民，耕种为生，但人们仍习惯称他为冀缺。

夏　禹

胥臣完成使命回国之时，晋国两位贤臣狐偃、狐毛都已经去世，晋文公好似失去了左右手，闷闷不乐。胥臣便向文公推荐郤缺，担保他才德兼备，如能起用，一定不比狐毛、狐偃差。文公却认为，罪臣的儿子不能重用。胥臣进言道："古代尧、舜是贤君，可是尧的儿子丹朱、舜的儿子商君都是不肖。大禹的父亲鲧（gǔn）治水九年不成，被舜处死；可是禹却把洪水治平，舜便传位给禹，使他成为一代圣君。可见贤与不肖并不父子相传，主公何必计旧恶而抛弃有用之才呢？"晋文公被说服了，拜胥臣为下军元帅，任命郤缺做他的助手，为下军大夫。不久文公去世，襄公继位，晋国在国丧期间遭外族侵犯，郤缺迎战有勇有谋，立下退敌头功。晋襄公大悦，升他为卿大夫，并将冀地封赏给他。

削足适履

【解释】

"削足适履"这则成语的意思是把脚削小，去适应鞋子的大小。比喻无原则的迁就，也比喻愚蠢地生搬硬套。或指为了投合流俗而不顾自身的安全，做伤害自己骨肉的事情。适：适应。履：鞋子。

【出处】

这个成语来源于《淮南子·说林训》：骨肉相爱，谗贼间之，而父子相危。夫所以养而害所养，譬犹削足而适履，杀头而便冠。

【故事】

春秋时代，楚灵王灭掉北方蔡国后，派他的弟弟弃疾去管理蔡国的地方，封为蔡公。楚灵王又继续率兵去攻打东方的解国。弃疾的野心很大，在奸臣朝吴的怂恿下，突然回国杀害了楚灵王的两个儿子，因为弃疾还有两个哥哥，所以不敢马上继承王位，就拥立他的哥哥的儿子子午做国君，子晢作令尹。以后，当楚灵王得知这个消息后，就气得上吊身死。后来，弃疾知道灵王已死，又用朝吴的奸计，硬逼子午自杀，自己做国君，历史上称为楚平王。

在同一时期，类似的事件也发生在了晋国，昏庸的国君晋献公很宠爱美妾骊姬，把她立为夫人，并打算立骊姬的儿子奚齐为太子。骊姬表面上装得很一本正经，背后却使坏主意陷害原来的太子申生。一天，骊姬设计要太子申生去祭奠已死去的亲娘，事后又使人在祭肉中放上毒药。正当晋献公准备吃祭肉时，骊姬却设法阻止，随即当着晋献公的面将祭肉扔给狗吃，狗吃了肉很快就死了。于是骊姬号啕大哭，说太子申生是故意要害死国王，并挑拨献公与另外二位世子重耳、夷吾的关系。晋献公信以为真，便赐申生自尽。接着又派兵去捉拿重耳、夷吾，后来重耳、夷吾都逃出了晋国。重耳最终返国做了国君，他就是春秋五霸之一的晋文公。

《淮南子·说林训》在评述这两个因为听信谗言，以致造成弟弟逼死哥哥、父亲杀死儿子的事件时说："这种骨肉相残的事，如同把脚削去一块，以适应鞋子尺寸，把脑袋削去一块以适应帽子大小一样愚蠢。""削足适履"，原来比喻骨肉相残；现用来形容委屈自己去迁就不合理的事。

笑里藏刀

【解释】

"笑里藏刀"这则成语的意思原作"笑中有刀"。在笑容中藏着尖刀。后世多作"笑里藏刀"，比喻表面和善，内心阴险毒辣。

【出处】

这个成语来源于《旧唐书·李义府传》：义府貌状温恭，与人语必嬉怡微笑，而褊忌阴贼，……故时人言义府笑中有刀。

【故事】

李义府，唐朝人，出身寒族，但潜心读书，关心时政。唐太宗时，他在科举考试中因对策（对答皇帝有关政治、经义方面的策问）良好而被朝廷录用，当了一个小官。

唐高宗继位后，由于李义府擅长奉承拍马，所以很快升了官。过了几年，高宗想把武则天立为皇后，李义府百般支持，博得了高宗的欢心，很快升任右丞相，成为掌握朝政大权的高级官员。

李义府表面上待人和蔼谦恭，脸上总是带着微笑，但心底里却偏狭阴险，冒犯过他或不顺从他的人，都会遭到他的迫害。为此，大家在背后给他一个外号："笑中刀"。

有一次，李义府听说大理寺（最高司法机构）的监狱里关着一个犯死罪的女囚，长得非常美，于是就产生了想霸占她的想法。他指使狱吏毕正义私下放了她，然后把她弄到手。事情被发觉后，主管大理寺的官员向高宗奏告。毕正义畏罪自杀。李义府以为死无对证，不把这件事放在心上。

侍御史（掌管监察官员工作的官职）王义方了解内情后，向高宗奏告此案的主谋是李义府，要求朝廷对他严加惩处。但是，高宗加以偏袒，不仅不拿住李义府问罪，反而将王义方贬到外地去做小官。事后，李义府还恬不知耻、皮笑肉不笑地讽刺了王义方。

在这之后，李义府枉法的胆子越来越大。一天，他在宫中看到一份任职名单，便默记在心。回家后，就指使儿子找名单上的一个人，向他透露了这件事，并乘机索取了一大笔钱。这件事不久被揭发出来，高宗终于认清了这个一贯奉承拍马、笑里藏刀的家伙的真面目，将他父子流放到巂（xī）州（今四川境内）去。后来天下大赦，也没有让他再回来。

信口雌黄

【解释】

“信口雌黄”这则成语的意思原作“口中雌黄”，指随口更正不恰当的话。后世多作“信口雌黄”，意思是指言论不妥随口更改，也指随口乱讲，轻下论断。信口：随口。雌黄：一种名叫“鸡冠石”的黄赤色矿物，古时写字用黄纸，写错了就用雌黄做的颜料涂抹再写。

【出处】

这个成语来源于《文选》刘孝标注引晋·孙盛《晋阳秋》：王衍，字夷甫，能言，于意有不安者，辄更易之，时号“口中雌黄”。

【故事】

魏晋时期，上层社会盛行清谈之风，西晋大臣王衍就是一个出名的清谈家。此人少年时就伶牙俐嘴，他在文学名家山涛府上作客，以清秀的仪表、文雅的谈吐，赢得四座赞赏。山涛却感叹道："日后耽误天下的，未必不是此人啊！"王衍成年后，爱好老子、庄子的学说，善于用老、庄的道家思想解释儒家经义，讲授玄理。讲的时候，他总是身穿宽袍大袖的衣服，手执玉柄麈尾（用鹿的尾毛制成的拂尘），轻声慢语，满嘴都是玄妙空虚的怪话，每逢义理讲得不恰当时，便随口更改，毫不在乎。人们因此称他是"口中雌黄"。

山　涛

不仅说话如此，在做事上王衍也惯于随便更改。最初他把女儿嫁给太子为妃，后来太子遭陷害，他怕受牵累，赶快上表请求离婚；太子冤案昭雪，他因丧失气节被判禁锢终身。后因为西晋皇族争权斗争愈演愈烈，最终酿成历史上著名的"八王之乱"，王衍却在乱中被两位得势王爷看中，官拜尚书令。但他颠三倒四的习性不改，身居要职却不以天下为念，只顾扩张自己的权势。西晋王朝败亡，王衍推卸责任，随口说自己"一向不干预朝政，罪不在我"，结果还是难逃一死，被敌军俘虏后，又被活埋在了瓦砾堆中。

胸有成竹

【解释】

“胸有成竹”这则成语的意思原指名画家在画竹之前，在自己的心胸中早就明确而清晰地存在着完整竹子的形象。比喻人们做事之前已经有了主意，或有了成功的把握。有时也写成“成竹在胸”。成竹：现成的、完整的竹子。

【出处】

这个成语来源于苏轼《文与可画筼筜谷偃竹记》：故画竹，必先得成竹于胸中，执笔熟视，乃见其所欲画者，急起从之，振笔直遂，以追其所见，如急起鹘落，少纵则逝矣。

【故事】

文同，字与可，北宋仁宗时期著名画家，四川省梓潼县人。他的诗、文、书法都写得很好。他喜爱画花鸟虫鱼写生画，特别擅长画竹子，他画的竹子栩栩如生，清秀逼真，很受人们的赞扬，故有“墨竹大师”之称。

文与可学画非常认真、细致。为了画好竹子，他在房屋周围和窗前种了许多青竹，一年四季，不管风吹雨打还是烈日当空，他每天都仔细观察竹子的枝叶在晴天或雨后，在茂盛或落叶等不同时期的状态和生长情况，了解竹子在不同季节和不同天气里的形态变化。

经过长期种植竹子的实践和细心的观察、揣摩，文与可不仅对竹子的特性了如指掌，而且在胸中形成、积累了各种各样竹子的形象。正因为这样，在他动笔作画之前，怎样构图、着墨，在他的心中早就有了轮廓，因而不必费尽心思，反复琢磨，就能一挥而就，挥洒自如，出色地画出各式各样的竹子。

苏轼被贬以后，也很喜欢画墨竹画，文与可画竹的经验使苏轼受到很多启示，所以他说画竹子，须预先详细观察竹子，在胸中形成竹子的形态，认清想要画的东西，一经发现，便振笔疾书，心手合一，画出自己所观察到的。这种感受到的东西，如果不立刻捕捉住，稍一疏忽，就会很快消逝。

文与可的一位好朋友晁补之在《赠文潜甥杨克一学文与可画竹求诗》中说：“与可画竹时，胸中有成竹。”意思是说文与可在画竹子的时候，心中就已经构思好了完美的竹子形象。

栩栩如生

【解释】

“栩栩如生”这则成语的意思是生动活泼而欢畅的样子好像活的一样。比喻形象生动逼真，就像活的一样。栩栩：生动活泼。

【出处】

这个成语来源于《庄子·齐物论》：昔者庄周梦为蝴蝶，栩栩然蝴蝶也，自喻适志与！不知周也。

【故事】

庄周，又称庄子，是战国时代的哲学家。在他的哲学著作《庄子》中有许多寓言故事，借以说明自己的哲学观点，读起来很容易懂也容易令人信服。

庄子讲过一个名叫“庄生梦蝶”的寓言，故事大意是说：一天夜里，庄子梦见自己变成了一只栩栩如生的蝴蝶。这是一只欣然自得、轻快舒畅的蝴蝶，觉得很称心如意。这时，他已经完全忘记了自己是庄周。

过了一会儿，庄周从梦境中醒了过来，惊喜不已。但是，他不知道究竟是庄周梦见自己变成了蝴蝶，还是蝴蝶梦见自己变成了庄周。

庄周为什么讲这个寓言呢？原来他要借此说明，天下万事万物的差别都是相对的，说到底都是一样的。

掩耳盗铃

【解释】

“掩耳盗铃”这则成语原作“盗钟掩耳”，捂住自己的耳朵偷钟。后世多作“掩耳盗铃”，即捂住自己的耳朵偷铃。形容自己欺骗自己。也多用来比喻愚蠢自欺的掩饰行为。掩：捂住。盗：盗窃。

【出处】

这个成语来源于《吕氏春秋·自知》：百姓有得钟者，欲负而走，则钟大不可负。以椎毁之，钟况然有音。恐人闻之而夺己也，遽掩其耳。

【故事】

春秋末，一天，有个人发现范家有一口钟，便心怀歹念，想把它偷走。但是，钟太重了，他无法背走它。

思考了一会儿后，他终于有办法了：把钟敲碎，然后一块一块地取走。于是，他找了一个铁锤，竭尽全力向钟砸去。

“当——”，铜浇铸而成的钟发出洪亮的响声，几乎把他的耳朵也震聋了，却一点也没碎。他又猛力砸了一下，钟仍然发出洪亮的响声，一点不碎。

钟声使他猛省过来：如果再继续砸下去，不断发出

当当的声响就会被别人听到，他就偷不成钟了。

他自以为聪明，想了个办法：把自己的耳朵捂住再砸。心想，这样一来，钟声再响也听不见了。既然我听不见，别人也听不见，钟就可以偷走了。

其实，这种自欺欺人的作为是非常可笑的。他捂住了自己的耳朵，自然听不见钟声，但别人的耳朵并未捂住，仍然可以听到钟声。

在我国古代，钟和铃都是乐器。所以“掩耳盗钟”也称“掩耳盗铃”。

叶 公 好 龙

【解释】

“叶公好龙”这则成语的意思是一个名叫叶公的人十分爱好画面上的龙。比喻表面上爱好某事物，但并非真爱，实际上并不理解它或需要它，甚至实际上惧怕它成为现实。

【出处】

这个成语来源于汉·刘向《新序·五·杂事》：叶公子高好龙，钩以写龙，凿以写龙，屋室雕文以写龙。于是天龙闻而下之，窥头于牖，施尾于堂。叶公见之，弃而还走，失其魂魄，五色无主。是叶公非好龙也，好夫似龙而非龙者也。

【故事】

沈诸梁，字子高，春秋时楚国人，在叶地当县尹，自称叶公，别人都叫他叶公子高。

这位叶公爱龙成癖，他身上佩带的钩剑、凿刀等武器上都饰有龙纹，家里的梁柱门窗上都雕着龙，墙上也画着龙。四方各地都知道叶公喜欢龙。

上界的天龙听说人间有这么一位叶公对它如此喜爱，决定到人间走一遭向叶公致谢。

这天叶公正在午睡，一时风雨大作，雷声隆隆，把他惊醒。他忙着起来关闭窗户。不料天龙从窗口伸进头来，吓得他魂飞魄散，夺门而逃。逃进堂屋，又见一条硕大无比的龙尾巴横在面前，挡住去路。

他面如土色，顿时倒在地上，不省人事。天龙瞧着半死不活的叶公，感到莫名其妙，只能扫兴地飞回上界。

其实，叶公并不是真的爱好龙，他爱的不过是似龙非龙的东西而已。

饮 鸩 止 渴

【解释】

“饮鸩止渴”这则成语的意思是用毒酒来止住口渴。比喻不顾后患而用有害的办法解决目前的困难。鸩：传说中的一种有毒的鸟，用它的羽毛泡在酒中喝了能毒死人。

【出处】

这个成语来源于《后汉书·霍谞传》：岂有触冒死祸，以解细微？譬犹疗饥于附子，止渴于鸩毒，未入肠胃，已绝咽喉，岂可为哉！

【故事】

东汉时，霍谞（xū）从小勤奋好学，少年时代就读了大量儒家经书。

霍谞有个舅舅名叫宋光，在郡里当官。由于他秉公执法，得罪了一些权贵，被他们诬告篡改诏书，从而押到京都洛阳，关进监狱。

宋光下狱后，霍谞的心情一直不平静，那时候的霍谞虽然只有十五岁，但各方面都已经比较成熟。他从小常和宋光在一起，对舅舅的为人非常清楚，知道舅舅不可能干这种弄虚作假的事。他日思夜想怎样为舅舅申冤，最后决定给大将军梁商写一封信，为舅舅辩白。信中有这样一段话："宋光作为州郡的长官，一向奉公守法，以便得到朝廷的任用。怎么会冒触犯死罪的险去篡改诏书呢？这好比为了充饥而去吃附子，为了解渴而去饮鸩（zhèn）呢！如果这样的话，还没有进入肠胃，到了咽喉处就已经断气了。他怎么可能这样做呢？"梁商读了这封信，觉得很有道理，也非常赏识霍谞的才学和胆识，便请求顺帝宽恕宋光。不久，宋光被免罪释放，霍谞的名声也很快传遍了洛阳。

鹬蚌相争

【解释】

"鹬蚌相争"这则成语的意思是鹬和蚌相互争斗。比喻双方相争不下，结果两败俱伤。鹬：一种长嘴的水鸟。蚌：一种硬壳的水性动物。

【出处】

这个成语来源于《战国策·燕策二》：蚌方出曝，而鹬啄其肉，蚌合而钳其喙。……两者不肯相舍，渔者得而并禽之。

【故事】

战国末期，七个诸侯大国相互攻伐，战争连年不断。有一年，赵国准备攻打燕国。有个名叫苏代的说客去拜见赵惠王，劝说他不要去攻燕。他先向赵惠王说了个寓言故事：一天，蚌趁着天晴，张开两片硬壳，在河滩上晒太阳。有只鹬鸟见了，快速地把嘴伸进蚌壳里去啄肉。蚌急忙把硬壳合上，钳住鹬的嘴不放。

鹬鸟啄肉不成，嘴反被钳住，便威胁蚌说："好吧，你不松开壳就等着。今天不下雨，明天不下雨，把你干死！"蚌毫不示弱地回敬说："好吧，你的嘴已被我钳住。今天拔不出，明天拔不出，把你饿死！"就这样，蚌和鹬鸟在河滩上互相争持，谁也不让谁。时间一长，它们都精疲力竭。正好有个渔翁经过这里，见到它们死死缠在一起，谁也不能动弹，便轻易地把它们一起捉住了。

讲完这个故事后，苏代又对赵惠王说："如果赵国去攻伐燕国，燕国竭力抵抗，双方必然长久相持不下。这样，强大的秦国就会像渔翁那样坐收其利。请大王认真考虑再作决定。"赵惠王觉得苏代说的很有道理，表示不再去攻伐燕国了。后来，人们从这个寓言故事中引申出成语"鹬蚌相争"，并常和"渔翁得利"一起连用。"鹬蚌相争，渔人得利"往往用来比喻双方相争，结果两败俱伤，使第三者从中获利。

越俎代庖

【解释】

“越俎代庖”这则成语的意思是厨师偷懒，虽不肯在厨房做饭，掌管祭祀的司祭却放下祭品去替他下厨房。比喻越权办事或包办代替。一般用作否定用中。

【出处】

这个成语来源于《庄子·逍遥游》：庖人（厨师）虽不治庖，尸祝（掌管祭祀的人）不越樽俎（祭祀用的器具）而代之矣。

【故事】

尧打算禅让天下，曾找到许由，说要把帝位让给他，但许由坚辞不受。他对尧说：“您已经把天下治理得很好了，我再来代替你，这不是让我享受你的名声吗？鷦鷯在森林里筑巢，占有一根树枝的地方就行了；鼹鼠在河边饮水，顶多喝满一肚子也就够了。算了吧，我的君主！天下对我来说是一点用处都没有啊！厨师在祭祀的时候，又做菜，又备酒，忙得不可开交，可是掌管祭祀的人，并不能因为厨师很忙，忘记自己的本职工作，丢下手中的祭祀用具，去代替厨师做菜、备酒啊！你就是丢开天下不管，我也决不会代替你的职务。”

枕戈待旦

【解释】

“枕戈待旦”这则成语的意思是枕着兵器等待天亮。形容杀敌报国心切，时刻警惕敌人，一刻也不放松，准备投入战斗。

【出处】

这个成语来源于《晋书·刘琨传》：吾枕戈待旦，志枭逆虏，常恐祖生先吾著鞭。

【故事】

西晋末年魏昌人刘琨不仅武艺精通，而且很有抱负。有一次，他听说朋友祖逖被朝廷任命了官职，就给亲属写信说：“我每天都是枕着兵器躺在床上，随时想杀敌报国。常常担心祖逖比我先去建功立业了。”后来，刘琨任并州刺史期间，晋阳灾荒严重，贼寇乘机作恶，劫道抢掠，百姓叫苦连天。刘琨便率领一千人，平定了盗匪，劝百姓种地，还派兵保护他们。有一次，北方骑兵包围了晋阳城，城内兵力甚少，刘琨想出一个办法：夜里，他登上城楼，吹起箫来，那曲调凄凄惨惨，如泣如诉，城外的士兵听了无不悲伤。半夜，他又吹起胡笳，乐声使士兵想起家乡，怀念亲人，流下眼泪。天快亮时，刘琨又吹起了箫，围城的士兵再也忍不住了，纷纷骑马回去。

纸上谈兵

【解释】

“纸上谈兵”这则成语的意思是在纸面上谈论用兵，指在文字上谈用兵的策略。后比喻脱离实际情况不切实际的空谈。

【出处】

这个成语来源于《史记·廉颇蔺相如列传》：赵括自少时学兵法，言兵事，以天下莫能当。尝与其父奢言兵事，奢不能难，然不谓善。

【故事】

战国时，赵国大将赵奢的儿子赵括，从小便熟读兵书，因此只要一谈到怎样用兵，他便会引经据典，说得头头是道。所以，不少人都觉得他是个大将之才。但是，他的父亲却始终不承认儿子精通兵法，善于用兵。他甚至说：“我的儿子将来要是不做赵国的将军，那倒是赵国的福气，万一不幸让他当上赵国的将军，那他一定是个败军之将。因为他从没上过战场，只会‘纸上谈兵’，一旦真的领兵打仗，绝对会出问题！”秦昭王四十七年，秦王派大将王龁攻打赵国的上党，赵国大将廉颇奉赵王之命率兵二十万救援上党。他采取固守政策，坚守长平，和秦军相持了四个多月，秦军没能攻下长平。

这时，秦国丞相范雎为秦王献上离间计，到赵国去传布谣言说："秦兵所惧怕的，只有赵括一个人。廉颇是个无能之辈，再过些日子，他就要投降了。"赵王听信了谣言，便派赵括去代替廉颇领兵。赵王召来赵括，问他说："你能击败秦军，为国争光吗？"赵括信誓旦旦地说："我一定把他打得落花流水。"于是，赵括在接掌廉颇兵权以后，立即改变固守的策略，不久就被秦兵围困。这时，秦王悄悄改派白起为主将，而以王龁为副将。结果，白起大败赵括，赵军四十万人马被俘后全被活埋，而善于"纸上谈兵"的赵括也在突围时中箭身亡。

这次战役，就是历史上有名的"长平之战"，赵国在这次战役中损失了四十万军马，从此国力一蹶不振，再也无法和秦国抗衡了。

指鹿为马

【解释】

"指鹿为马"这则成语的意思是赵高故意将鹿说成马，迫使大臣们承认，对不承认的就暗中加以迫害。比喻歪曲事实，颠倒是非。

【出处】

这个成语来源于《史记·秦始皇本纪》：赵高

欲为乱，恐群臣不听，乃先设验，持鹿献于二世，曰："马也。"二世笑曰："丞相误邪？谓鹿为马。"

【故事】

秦始皇死后，担任中车府令（掌管皇帝车马）的宦官赵高，和秦始皇的小儿子胡亥串通起来，并且威胁丞相李斯，伪造遗诏，由胡亥继位，称为秦二世。

赵　高

立下大功的赵高被秦二世封为郎中令，成为二世最亲近的高级官员，但他的职位仍在李斯之下。后来他设计害死李斯，当了丞相。然而他的野心很大，为了试探大臣们对自己是否服气，于是他想出了一个办法。

一天，他把一只梅花鹿牵到朝堂上，指着它对秦二世说："这是臣刚寻找到的一匹骏马，特献给陛下。"秦二世见赵高把鹿说成是马，不禁笑出声来说："丞相怎么说错了话？这明明是鹿，却说它是马。"赵高脸不改色地说："陛下，这是马不是鹿，不信可问问大臣们，它究竟是马还是鹿？"说罢，他用威吓的眼光扫视了一下大臣，想迫使大家承认。秦二世让大臣都来瞧瞧，并问他们它是什么。大臣们看后，有的默不出声，有的为了讨好赵高，顺着他说它是马；也有的人不愿说假话，指出它是鹿。

事后，赵高暗中对不承认是马的大臣加以迫害，将他们投入监狱。此后，大臣们更加畏惧赵高。

炙手可热

【解释】

“炙手可热”这则成语的意思是手一靠近就觉得热得烫人。比喻气焰盛，权势大。炙：烤。

【出处】

这个成语来源于唐·杜甫《丽人行》：炙手可热势绝伦，慎莫近前丞相瞋。

【故事】

唐玄宗李隆基刚即位时，很有作为，他任用姚崇、宋璟为丞相，整顿弊政，社会经济得到很大发展，历史上称为“开元盛世”。

但是，晚年的唐玄宗任用李林甫为丞相，政治开始腐败。天宝四年（745年），他封杨玉环为贵妃，纵情声色，奢侈荒淫，政治越来越腐败了。

杨贵妃有个堂兄叫杨钊。由于杨贵妃得宠，杨钊也平步青云，做了御史，唐玄宗还赐名“国忠”。不久，李林甫死了，唐玄宗便任命杨国忠做丞相，把朝廷政事全部交给杨国忠处理。

一时之间，杨家兄妹权势熏天，他们结党营私，把整个朝廷搞得乌烟瘴气，以致不久以后就爆发了安禄山、史思明的叛乱。

杨贵妃

可当时，杨家兄妹过着花天酒地、穷奢极欲的生活。753年三月三日，杨贵妃等到曲江池边游春野宴，轰动一时。诗人杜甫对杨家兄妹这种只顾自己享乐、不管人民死活的行为极为愤慨，写出了著名的《丽人行》一诗，大胆揭露和深刻讽刺了杨家兄妹生活的奢侈和权势的煊赫。“炙手可热势绝伦，慎莫近前丞相嗔”，便是诗中的二句。这二句诗的意思是：杨家权重位高，势焰灼人，没有人能与之相比；你千万不要走近前去，以免惹得丞相发怒生气。

经典国学口袋书

01 周易
02 道德经
03 庄子
04 论语
05 孟子
06 大学·中庸
07 孙子兵法
08 三十六计
09 百战奇略
10 六韬·三略
11 山海经
12 左传
13 战国策
14 史记·本纪
15 史记·世家
16 史记·列传
17 汉书
18 后汉书
19 三国志
20 吕氏春秋
21 资治通鉴
22 中国通史
23 中华上下五千年
24 贞观政要
25 中国古代文化常识
26 中国古代名言警句
27 徐霞客游记
28 容斋随笔
29 金刚经
30 忍经·劝忍百箴
31 忠经·孝经
32 智囊
33 梦溪笔谈
34 本草纲目
35 黄帝内经
36 菜根谭
37 小窗幽记
38 颜氏家训
39 围炉夜话
40 曾国藩家书
41 诗经
42 楚辞
43 古诗
44 唐诗三百首
45 宋词三百首
46 元曲三百首
47 千家诗
48 豪放词
49 婉约词
50 世说新语
51 笑林广记
52 古文观止
53 唐宋八大家散文
54 诸子百家名句赏析
55 四书五经名句赏析
56 二十五史名句赏析
57 古代散文名句赏析
58 古代诗词名句赏析
59 红楼梦诗词名句赏析
60 阅微草堂笔记
61 闲情偶寄
62 三字经·百家姓
63 幼学琼林
64 声律启蒙·弟子规
65 千字文·增广贤文
66 对联
67 俗语
68 谚语
69 歇后语
70 格言联璧
71 中华寓言故事
72 中华典故故事
73 中华成语故事
74 中国十大喜剧故事
75 中国十大悲剧故事
76 中国皇帝传
77 中国皇后传
78 中国宰相传
79 中国将帅传
80 白话聊斋

三 秦 出 版 社

地处周秦汉唐千年古都西安的三秦出版社，建社30多年来始终以弘扬和传播优秀传统文化为己任，依托三秦大地无比丰厚的历史文化积淀，出版了大批特色鲜明、极具文化传承价值的精品图书，创造了良好的社会效益和经济效益。为顺应构建全民阅读时代、建设书香社会的需求，我社经充分调研策划，从浩如烟海的国学宝库中精心遴选，编辑出版了“中华经典国学口袋书”系列丛书，包含经史子集、诗词曲赋、笔记信札、经典名句等80部精品佳作，内容精粹，外观精美，便于携带，定会为您居家出行增添颇多书香雅趣。

73-7 【临水芙蓉图】轴 局部 [明] 唐寅 中国台北故宫博物院藏

73－7 【临水芙蓉图】轴 局部 ［明］唐寅 中国台北故宫博物院藏